ようこそ
スポーツ心理学教室へ

監修　石村　宇佐一
著　　井筒　敬・丸山　章子

ふくろう出版

はじめに

　本学スポーツ健康学部スポーツ健康学科(現人間健康学部スポーツ健康学科)は、平成22年6月に文部科学省より設置認可を受け、平成23年4月に開設された。設置認可と同時に中学校、高等学校の保健体育教員養成課程の認可も受けた。また、平成24年2月には財団法人 健康・体力づくり事業財団より健康運動指導士の受験資格についての認可も受け、「**スポーツ心理学**」は学科の教育カリキュラムの中においてコア科目として位置付け、必修科目とし、教職専門科目としても必修科目とした。入学した学生がスポーツと向き合う中で、競技者、指導者、健康志向と様々な立場の中で心理学的な理論や知見を学ぶことは極めて重要であると考えたからである。

　身体活動を対象とするスポーツ心理学の領域は実に多岐にわたる。そこで講義は基礎的な概論と応用的な領域に分けて設定した。基礎的概論については「**スポーツ心理学**」が、応用部門としては「**スポーツ競技の心理学**」と「**メンタルトレーニング論**」を開講した。筆者らはスポーツ心理学を学生時代から専攻し学んできた。多岐にわたるこのスポーツ心理学の領域を専攻領域によって分担するのではなく、その専門性を重視して担当することとした。

　分野に関連する3つの講義を興味関心の継続性という観点や学年配当も考慮して設定した。1年次には「**スポーツ心理学**」においてスポーツ心理学全般の概説がなされ、そこにおいて基礎的知識を得た上で心理学的な興味を継続し、競技活動に活かす意欲のある学生のために3年次に選択科目としてスポーツ競技独特の心理的特性についての「**スポーツ競技の心理**」と競技選手のメンタル指導についての「**メンタルトレーニング**」が開講されている。

　各講義では、参考図書を適宜紹介して進められるが、卒業後の各種指導場面において学生時代の座学での講義内容を振り返るノートやテキストは貴重なアイテムであると考えている。そこで、3つの講義の内容を網羅したテキストを準備することにし、講義担当者がそれぞれの講義テキストとして分担し執筆担当した。

　両者の師である石村宇佐一　金沢学院大学特任教授が監修した。

第1部　スポーツ心理学（井筒）
第2部　スポーツ競技の心理（丸山）
第3部　メンタルトレーニング（丸山）

目 次

はじめに

第1部 スポーツ心理学 ……………………………… 1

第1章 精神－身体の現象 3
1. スポーツとは …………………………………………………… 4
2. スポーツ心理学とは …………………………………………… 5
3. スポーツ心理学の発達 ………………………………………… 6
4. スポーツ心理学の役割 ………………………………………… 6

第2章 スポーツと感覚・知覚と認知・情報処理 9
1. 運動と感覚・認知 ……………………………………………… 10
2. スポーツと情報処理のプロセス ……………………………… 13
3. スポーツ選手と視覚（スポーツビジョン）………………… 19

第3章 スポーツに対する動機 25
1. 運動に対する動機の分類 ……………………………………… 26
2. 動機づけ ………………………………………………………… 27
3. アトキンソンの達成理論 ……………………………………… 30
4. 動機づけの機能（トールマン）……………………………… 30
5. 強化理論 ………………………………………………………… 31
6. 内発的動機づけ理論 …………………………………………… 33
7. ワイナーの帰属理論 …………………………………………… 34
8. 達成動機づけ …………………………………………………… 35
9. スポーツ参加・不参加、継続・離脱 ………………………… 36
10. 運動嫌い・体育嫌い …………………………………………… 37

第4章 スポーツの心理的効果 41
1. スポーツの心理的効果 ………………………………………… 42
2. 運動の心理的効果のメカニズム ……………………………… 44
3. スポーツの心理的マイナスの影響 …………………………… 45
4. フラストレーション …………………………………………… 50
5. 適応機制 ………………………………………………………… 52
6. フラストレーション反応の効果 ……………………………… 54

第5章　スポーツ不安 59
1. 不安の定義と種類 60
2. スピルバーガーの不安特性－状態モデル 60
3. 不安傾向 61
4. スポーツにおけるあがりと不安 61
5. 緊張や不安を引き起こす原因 63
6. 不安や緊張が運動を妨害する要因 64
7. 不安やあがりに対する対症療法的方法 65
8. 不安の対応策の分類（現場、対症療法、あがらないための対策） 66
9. あがらない原則 66
10. 臨床心理学的技法の適用 68

第6章　スポーツとパーソナリティ 71
1. 性格 72
2. スポーツ選手の性格特性 74
3. 態度 76

第7章　運動学習の過程 79
1. 運動学習とは何か 80
2. 運動学習の段階 81
3. 運動学習の転移 83
4. 運動学習理論 83
5. 運動学習の方法 86
6. 運動の学習指導法 91
7. 運動学習と動機づけ 91

第8章　発達とスポーツ 95
1. 発育・発達 96
2. 発達の原理 97
3. 成熟、レディネス、初期体験、臨界期 100
4. スポーツの役割と運動能力の発達 101
5. 人格の発達 103

第9章　スポーツ集団の構造と機能 109
1. スポーツ集団 110
2. 集団凝集性 112

3．リーダーシップ *113*
　4．PM 理論 *115*
　5．集団規範 *116*

第 10 章　スポーツカウンセリング *119*
　1．スポーツカウンセリングとは *120*
　2．アスリートの訴えの特徴 *120*
　3．スポーツカウンセリングの特殊性 *122*
　4．スポーツカウンセラーの資格 *123*

第 11 章　運動行動と行動変容 *125*
　1．健康志向における運動の意義 *126*
　2．行動変容技法 *126*

第 2 部　スポーツ競技の心理 135

グループ学習について *136*
　1．グループ学習の方法 *136*
　2．グループ学習における様々な手法 *136*
　3．グループ学習の作業の流れ *137*

スポーツ競技の心理－グループ学習テーマ－ *138*

第 3 部　メンタルトレーニング 139

スポーツ競技の心理－メンタルトレーニング－ *140*

　あとがき *145*

第 1 部　スポーツ心理学

第1章　精神－身体の現象

1．スポーツとは
2．スポーツ心理学とは
3．スポーツ心理学の発達
4．スポーツ心理学の役割

ディスコボラス

1．スポーツとは
(1) スポーツの語源
　deportar（ラテン語）が sport（スポーツ）の語源とされている。フランス語を経て英語 disport と呼ばれるようになった。dis は「**分離**」を意味し、port は「**運ぶ**」を意味している。その後変化を続け di が落ちて Sports（スポーツ）という表現で定着した。したがって、スポーツは「本来の仕事から離れて、心を他の面に運ぶこと」と解釈でき、気分転換のために行われる全ての活動と位置付けられる。遊戯、娯楽、レクリエーションなども広義として含まれる。

(2) スポーツとプレイ（遊び）
　スポーツの原型はプレイ（Play，**遊び**）とされている。スポーツは、遊びの本質である**自発性**と**自己目的性**を有し、その活動の仕方、場所、時間等をルールで規制して組織化したものである。

　カイヨワ（caillois, R.）による遊びの6要素
① 自由な活動（強制されない事）
② 隔離された活動（あらかじめ決められた空間の範囲内に限定）
③ 未確定の活動（あらかじめ展開が決定されたり、先に結果がわかっていたりしない）
④ 非生産的活動（財産や富も、いかなる要素も作り出さないこと）
⑤ 規制のある活動（約束事に従う活動である）
⑥ 虚構の活動（日常生活と対比した場合、明らかに非現実的であるという認識を伴う）

　カイヨワは遊び（プレイ）を**アゴン**（競争）、**アレア**（機会）、**ミミクリー**（模擬）、**イリンクス**（眩暈）の4つに分類し、スポーツをアゴンと位置付けている。ただし、登山やスキーはイリンクスに分類しており、アゴンは人と人との競争、イリンクスは自然との戦いと考えて分類しているものと思われる。

(3) スポーツの分類
　スポーツの分類は遊びから始まり、その後その特性によって数々の分類がなされてきた。**マッキントッシュ**（Macintosh, P.C.）による分類（スポーツの特性によって）は以下のようである。
◆ 競技スポーツ（個人スポーツ、チーム・スポーツ）
◆ 闘技スポーツ
◆ 克服スポーツ
◆ 表現スポーツ（感情と表現を伝達する運動）

　ディマズディエ（Dumazedier. J.）はスポーツの機能によって、「職業スポーツ」「教育スポーツ」「余暇スポーツ」、と分類している。

　現代社会では日常生活においてスポーツ活動がさまざまな目的に応じて実施されている。スポーツを種々の身体活動や運動を含め広義に考えると、実施の目的に応じて分類する必要が生じており、「競技スポーツ」「レクリエーションスポーツ（余暇社会）」「健康

スポーツ（医療費、生活習慣病対策）」「生涯スポーツ（長寿社会）」の4つにも分類される。

2．スポーツ心理学とは

　スポーツ心理学はスポーツを研究対象とした応用科学の1つである。新修体育大辞典（1976）によると、「スポーツに関する心理学的な問題を研究し、心理学的な事象を明らかにすることにより、スポーツの実践や指導に関わる諸問題に科学的に基礎を与えることを目的とした学問」とされ、またスポーツ科学辞典（1993）によると、「人間の行動や個人の体験をスポーツという実践領域のなかで、できる限り適切に理解しようとする研究領域。定常性や可変性を考慮して、人間の行動や体験を記述し、可能であれば測定し、その定常性や可変性の条件を確認して、将来の展開をできる限り予測することが目指される」としている。

　スポーツ心理学、運動心理学、体育心理学は身体活動を対象としているため、共通する領域が多く見られる。それぞれの特性と関連性についてまとめてみると以下のようになる。

　体育心理学は、「体育に関する心理学」、さらにいえば「体育に関する問題を心理学の立場から解明する科学である」と定義されている。また、体育心理学は広く教育心理学と呼ばれている応用部門のなかに位置づけられる。

　スポーツ心理学は、「スポーツ心理学は体育心理学の一部ではなく、スポーツ行動を心理学的に研究する独立した分野である」と定義されている。スポーツを競技スポーツとしてとらえ、競技をめぐる心理学的な問題を対象として研究する分野をスポーツ心理学とする立場がある一方、スポーツを競技スポーツに限定せず、広く散歩や釣りなどを含んだ活動とする考え方がある。

　運動心理学は、人間の運動行動を心理学的に研究しようとする分野である。運動心理学とスポーツ心理学の関係は、運動心理学を上位概念とし、その中にスポーツ心理学が含まれるとしている。前述したスポーツ心理学の立場について、後者のようにスポーツを競技スポーツに限定しないという立場をとれば、運動心理学とスポーツ心理学は更に接近した概念になる。

　それぞれ、異なる分野としての特性を持っているが、今日のスポーツ活動の価値観は多様であることから、これらの関係がより密接になると考えられる。

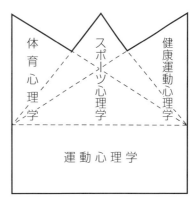

図1-1　運動・スポーツと心理学

3．スポーツ心理学の発達

　心理学は哲学の分野に位置し、スポーツの哲学的研究は遊戯との関連において比較的早くからされていた。さらに、ヴント（Wundt, W.）の実験的に心理学を捉えようとする試みの中で、精神の量的測定と関連して身体運動が測定された。身体動作の研究が心理学の主要な問題として研究されていたことが、スポーツと心理学を進める大きな力となった。
　また、オリンピックやワールドカップなどの国際的な大会が開催され、より高いパフォーマンスを発揮するために、身体的な競技能力だけでなく、心理的な競技能力も注目されるようになり、競技能力を高めるための研究が各国でなされるようになった。そして、1965年にはローマで国際スポーツ心理学会が組織され、第1回世界大会が開催された。1973には日本スポーツ心理学会も組織され、わが国におけるスポーツ心理学の研究が本格化した。

4．スポーツ心理学の役割

　スポーツ心理学は、応用科学である。したがってスポーツにおける心理学的な事象を明らかにすることによってスポーツの実践や指導に関わる諸問題に科学的な基礎を与え、それらに有効にして適切な対応ができるようにすることがスポーツ心理学の役割であると考えられる。

(1) 心の働きと行動

　我々の身体は肉体であり、一定の形態と機能を持つ一つの有機体である。しかし、我々の身体は生理学的肉体としてのみ取り扱われるものではない。ある行動を行った時、我々の身体の動作、すなわち身振りによって、生理的対象をではなく、行為の主体、心の表現を見ている。したがって、身体の意義は、生理学的過程にあるよりも、むしろ生物的生命を基体とする人間の表現にあると見なければならないのである。心に何かを感じる時、その体験の中には、すでに身体の動きが契機となっている。また、身体を動かす時には、その運動の中にすでに心の動きが契機として存在している。したがって、身体と精神は到底二つに切り離すことのできないものとして活動しているのである。心が動くとは身体が動くことであり、これが「心身一如」の境地なのである。
　身体とよばれるものは、まず「一つの全体」である。それは、どこまでも全人的なものをうつしてあますところのない身体である。スポーツ人を見る時、そこに全体と一定の意味でかかわる、ある側面または要素を垣間見、体力、運動技能、運動場面に要される心の問題を浮かび上がらせる。人が運動をし、それが教育的活動である体育であっても競技をはじめとした現代社会においてもとめられるさまざまなスポーツであっても身体を動かした時の心の問題を避けて通れないのである。

(2) 研究分野

　スポーツ心理学の目的を達成するために行われている研究の領域としては、以下のものが挙げられる。

① 認知・反応
　運動学習、運動と感覚・認知、運動の調整
② 技能の学習
　スポーツ技能の学習過程(技能学習の基礎的条件・練習・方法)
③ 技能の指導
　スポーツ技能の分類と指導、個人差・技能習熟度に応じた指導、言語による指導、視覚的指導、運動感覚的指導
④ 動機づけ
　動機づけの機能と内容、動機づけの方法
⑤ 発達
　発達の要因、運動能力の発達と変化、運動の発達段階と特徴
⑥ 集団の構造と機能
　スポーツ集団の意義、構造と機能、集団の目的と意欲、リーダーシップ
⑦ 性格と態度
　性格、態度、運動による性格特性の変容
⑧ 心理的効果
　スポーツの心理的効果と逆効果
⑨ カウンセリング
　スポーツカウンセリングの内容、カウンセラーの資質、カウンセリングの技法
⑩ コーチの仕事
　コーチの役割、哲学、資質

第2章　スポーツと感覚・知覚と認知・情報処理

1. 運動と感覚・認知
2. スポーツと情報処理のプロセス
3. スポーツ選手と視覚（スポーツビジョン）

ロンドン五輪での岸彩乃選手
（当時スポーツ健康学科在籍）の演技

1. 運動と感覚・認知
(1) 感覚・知覚
　感覚とは、見たり聞いたりさわったりして、大小、形、色、音、臭いなどの形態や物事の性質を知るはたらきをいい（視感覚・聴感覚、味感覚、触感覚、嗅感覚）、特に運動に関しては、これらを相互に感じ取りながらの緊張感覚、抵抗感覚、位置感覚、平衡感覚等が挙げられる。この感覚から意味を引き出したり、感覚に意味をつけたりするのが**知覚**である。知覚のもつ意味付けや解釈という側面をさらに強調して考える場合に用いられるのが**認知**という言葉である。

(2) 運動の認知
　身体を動かすことによって生ずる運動そのものの感覚や身体の位置に関する認知は、視覚や触覚によって得られ、主に**運動感覚**と**平衡感覚**が中心になっている。

① **運動感覚**
　身体各部の運動や全身に対する相対的な位置関係については、**運動感覚**によって認知する。運動感覚は**力覚**とも呼ばれ、**緊張感覚**、**抵抗感覚**、**位置感覚**等がある。これらの感覚器官は、筋肉、腱、関節の内部に存在する受容器であり、これらに働く刺激は、筋肉、腱、関節で起こる緊張の変化である。

② **平衡感覚**
　平衡感覚は、内耳の前庭器官が刺激されることによって生ずる。回転運動は、内耳内の三半規管のリンパ液が動揺して刺激となる。重力や直進運動に対する頭の位置やその傾きの知覚は、楕円ノウ、円形ノウの内側にある耳石の重みの傾きが刺激となる。運動の知覚は、等速度運動に対しては起こらず、加速度運動だけに起こる。しかも、水平運動よりも垂直運動に大きく現れるという特徴がある。

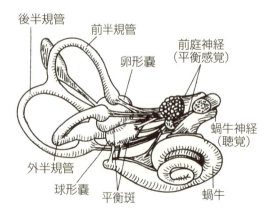

図2-1　前庭器官

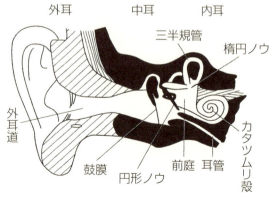

図2-2　聴覚器官と平衡感覚器官

(3) 空間の認知

形、大きさ、距離、位置、方向、立体性等の空間的性質を認識することを空間の認知という。

形の認知

事物の形、大きさは視覚と触覚の2つの感覚を通して認知することができる。視覚による認知は敏感で正確であるのに対し、触覚のみによる認知はあまり正確ではない。両者の相互作用によってより正確さが増す。

空間における位置と方向の認知

視覚、聴覚、運動感覚、平衡感覚、触覚などの共同的な働きによって認知される。地面から離れて上下左右の位置が回転したりする体操競技、飛び込み競技、トランポリン競技、陸上競技の高跳びや棒高跳びなどの競技において自分の空間的位置を知ることは重要である。

立体感や奥行きの知覚

平面上の距離感の錯覚とも関係し、背景の色や動いている物体の速度と関係する。野球などでフライがあがった時に、正面のフライが意外に距離感をつかむのが困難なのは、左右の目とボールを結んだ線が二等辺三角形となり、左目とボールの距離と右目とボールの距離が等しくなるからつかみにくくなるのである。その場合、選手は経験的に半身になることで不等辺三角形をつくって左右の目とボールの長さを変えることで距離を正確に把握するのである。

(4) 運動中の速度の認知

運動している物体の速度の認知は、極めて速度の遅いもの、あるいは極端に速度の速いものは認知されない。運動の認知には**速度と方向**の知覚を伴い、運動領域が小さいほど速さを感じる。水平方向の運動より、鉛直方向の運動の方が速さを感じる。近づくものより遠ざかるものの方が速さを感じる。などの特徴がある。

速度と大きさに関しては、物体が大きいものより小さいものの方が速さを感じる。相手チームの身長の大きさによって速度の錯覚を起こしやすい。大きいプレーヤーの動きがおそく感じられ、小さいプレーヤーは速く感じられる。

速度と距離に関しては、近くで見る場合と遠くで見る場合の同速度の感覚が違う。バッターボックスで感じる投手からの速球の速さ、空高い飛行機のスピード感のなさ、などである。

(5) 時間の認知

他の知覚のような受容器を持たない特徴があるが、私たちの環境におけるすべての事象や事物は、常に時間的経過の中で認知される。ただ、その認知のされ方は処々の知覚の場に働く様々な条件によって変化する。

まず、時間の**間隔**である。聴覚が最も優れた弁別閾を有し鋭いが、視覚は疲労度と深く関係し(フリッカー値)、眼精疲労の程度によって認知が鈍ることがあり、これを用いて疲

第1部 スポーツ心理学

労度の測定がされる。

　時間の長さに関しては短い時間間隔は短いほど過大評価され、長い時間は主体的条件に左右される。熱中している時と待機している時とでは受け方が異なる。

　リズムに関しては時間間隔と強さ、聴覚リズムは明瞭に形成しやすい。運動学習形成時のリズム効果は顕著である。

(6) 図と地

　視野内に異質な領域にある場合、それらは1つのまとまりとして体験される。

① 図形の認知に対して一方が他方に対して際立った存在の場合、際立った方が図、ひきつけ役が地である。

②-1 図地反転図形　ルービンの盃

　中央の白い部分に注目してみると盃のように見える。また、黒い部分に注目して見ると二人の顔が向かい合っているように見える。この時に注目した方が図であり、一方が地である。

②-2 意味反転図形　妻とその母

　1枚の絵がときに若い夫人に見え、あるときには老婆にも見える図形。

②-3 反転性遠近錯視図形　マッハの本

　中央で折り曲げられている紙が、山なりになっているようにも、また谷折りになっているようにも見える。

②-4 錯視図形　ミューラーリアー線など

　図2-6 直角に書かれた2本の線は同じ長さだが、垂直に書かれた線の方が長く見える。

　図2-7 真ん中の2本の棒の長さは同じであるが、矢が外を向いている方が、内側を向いている方より長く見える。

図2-3　ルービンの盃

図2-4　妻とその母

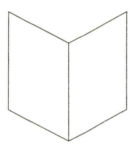

図2-5　マッハの本

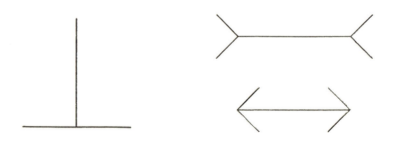

（左）図2-6　（右）図2-7　ミューラーリアー線①

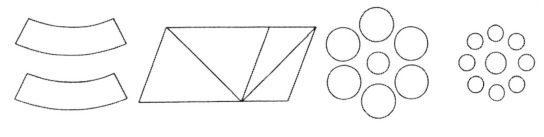

（左）図2-8　（中）図2-9　（右）図2-10　ミューラーリアー線②

　図2-8 上の方が大きく見える。
　図2-9 それぞれの平行四辺形の対角線は同じ長さであるが、大きい平行四辺形の対角線が長く見える。
　図2-10 中心の円の大きさは同じであるが、小さい縁に囲まれた方が大きく見える。

(7) 認知スタイル

　環境から与えられる情報を知覚したり、記憶したり、思考したりする過程を**情報処理**というが、その処理の仕方は人によって異なっている。一般的に、この情報処理の仕方を「**認知スタイル**」と呼んでいる。運動を行う場に関する**認知スタイル**としては、運動を行う場（**環境**）は様々であり、そこでの認知スタイルが運動の成否に影響することがある。この運動の場に関する認知スタイルには場依存型と場独立型の2つがある。

① 場依存型
　注意すべきものに注意を向ける能力が、周りの状況に左右されて低くなるタイプ。
② 場独立型
　周りの状況に左右されることのないタイプ。

　行動に関する認知スタイルとして、行動の起こし方には熟慮型と衝動型があるが、どちらが優れているかを判断することは難しいがおおよそどちらかに分けられる。

ア　熟慮型
　反応が遅いが誤りが少ない。
イ　衝動型
　反応は速いが誤りが多い。
・年少ほど反応の安定性と柔軟性に欠ける。
・年齢とともに反応様式が安定し、熟慮型反応へ移行する傾向がある。
・発達的には衝動型から熟慮型へと移行する傾向がある。
・一般的には、大人が熟慮型、子どもが衝動型といわれる。

2．スポーツと情報処理のプロセス
(1) 運動の生理学的基礎
　どのような身体運動も、神経系のはたらきなくしては円滑に遂行されない。神経系を通

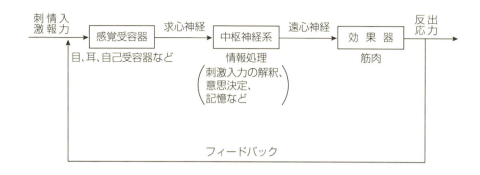

図2-11　行動のフィードバック制御系

して筋にインパルスが伝達されてはじめて身体運動が開始するのである。それは次のような系列である。

「インパルス（電気的現象）　→　筋の化学的エネルギー反応　→　筋収縮（機械的エネルギーの発生）　→　関節運動」

図2-11は、運動スキルの遂行に関与するメカニズムとフィードバックの概念を用いて図示したものである。これを見ると筋肉の運動に、中枢神経系、末梢の感覚器が関与していることがよくわかる。

(2) 情報の伝達

神経系は「情報の伝達」を役割としている。伝達は生理学的には電気的現象であり、神経に起こる興奮が神経線維を移動し、細胞間を移動する。

神経系の基本的な構成単位は、**ニューロン**と呼ばれている。ニューロンは、細胞体から突出する多数の樹状突起または細胞体に伝えられて軸索の末端方向に送られ、別の神経又は筋肉などの効果器に伝達される。伝達の速度は神経線維の太さと関連し、直径 12〜20μ なら約 70〜120m/sec、直径 2〜5μ のものだと約 12〜30m/sec である。神経と筋の接合部分の神経末端部を**運動終板**と言い、1本の神経線維は末端に近づくにつれて多数にわかれて、それぞれが筋繊維に接続している。1本の神経線維とそれに接続する筋繊維は運動単位と呼ばれ、一つのまとまった機能として働いている。精緻な

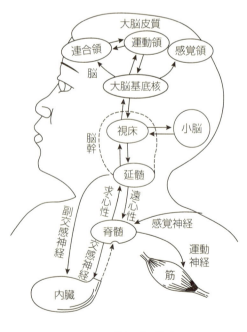

図2-12　神経系の構成

働きをする部位ほど神経支配比(1本の神経線維はその支配下の筋繊維の数の比)が小さく、大腿や体幹部の筋では支配比が大きい。

受容器から中枢神経系へつながる**求心性神経系**と中枢神経系から効果器へつながる**遠心性神経系**がある。前者は上行性、上行路といい、後者を下行性、下行路という。

(3) 反射

反射は、受容器からのインパルスが大脳まで行かず、途中の反射神経から筋に反応インパルスが伝わる現象である。すなわち、感覚器―反射中枢―効果器の神経回路、という道筋から成る現象である。受容から反応までの時間がかなり短いのが特徴である。屈曲反射、伸張反射、頸反射、迷路反射などがある。

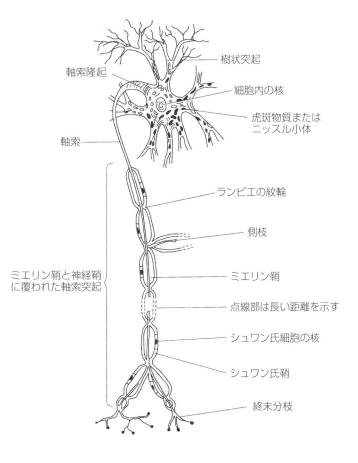

図2-13 ニューロンの構成図

(4) 反応と反応時間

我々の反応は常に環境からの刺激とその認知によって作動された筋肉や骨格などの働きの結果として現れる。反応(R)は、刺激(S)とそれを認知する有機体(O)の条件によって決定されるもので、S-O-Rの関係がつくられる。反応には、固定した単一の刺激に対して一定の反応を行う**単純反応**と、移動する対象を各種の感覚器官(視覚など)によってとらえ、中枢で認知し、適切な運動を設計して反応する**選択反応**がある。運動中においては、単純反応はスタートダッシュといった特殊な例にのみ見受けられ、ほとんどの運動時の反応は選択反応といってよい。運動場面における刺激は無数にあり、適切な運動の展開には**注意**と**集中**が求められる。外界の状況変化に対して反応する時、刺激と同時に反応を起こすことはできない。必ず、刺激よりも遅れて生じる。この「遅れ」を反応時間という。反応時間には、知覚神経に至るまでの第1の相、知覚神経から中枢神経を経て運動神経に伝わるまでの第2の相、骨と筋が運動を開始するまでの第3の相に分けられる。選択反応時間は単純反応時間よりも1/10〜1/20秒遅れ、この短い時間が選択・弁別に要する時

間と考えられる。ちなみに、陸上競技のフライング(不正スタート)は国際連盟のルール上では0.1秒未満の反応とされている。スタート合図から0.1秒が人間の反応時間の限界であるという医学的な根拠に基づいており、それ以内は見越し行動と判定されるのである。

(5) タイミングコントロール

運動では、反応時間のように刺激に対してどれくらい速く反応できるかだけでなく、どのように正確に正しい動作を適合させるかという問題が生じてくる。タイミングの正確性である(タイミング・コントロール)。刺激を空間的、時間的に正しく認知して、それに正しく動作を適合させる能力である。タイミング誤差には**動体視力**が深く関わっている。

球技種目では流動化している場面で常に要求されるし、格闘技や武道などの対人種目では間合いという言葉で技の攻防において五感の中でも視覚や皮膚感覚を働かせることが求められる。いずれも広い周辺視野と気配を伺う五感を働かせることによって察知できていく。

(6) 運動の統合

自分の意思で行う随意運動は、大脳皮質の運動野の指令で始まる。これに対し、無意識で行われる不随意運動は、大脳皮質第6野や、大脳基底核、小脳等の指令に従う。さまざまな運動について、随意運動と不随意運動を区別することは難しい。両者は共同的に機能すると考えるのが妥当であり、動作が複雑になればなるほど、小脳や大脳を含めた複雑な神経回路による統合が必要になる。

運動の熟練を神経回路から考えると、最初は意識して動作しているものが、何回も繰り返すことにより動作のパターンができあがり、意識しないでもできるようになり、動作自体も円滑で速くなる。この時点で動作は随意的なものから反射的なものに変わるのである。このような動作の反射化現象は、インパルスの通る経路が通過しやすくなったからだと考えられ、**疎通**（facilitation）と呼ばれている。このことは、特定の動作について固定した**企画**（program）が形成されたことを意味する。反復練習の効果であり、何もしないで放っておくと消え去るとされている。学習という側面で考えると、運動の学習が成立するまでの過程のなかではそのように考えられるが、学習が成立すると、しばらく動作が行われない時間があっても記憶が残っており、それをたどることで再び動作が復活する。幼いころに学習した自転車乗りスキルが、しばらく乗らない時期を経ても消え去ることはなく、何十年後に必要となったときにわずかな試行で元のように乗れ

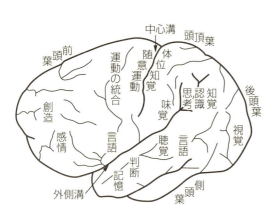

図2-14　大脳左半球

てしまうことなどがよい例である。

(7) プレー中の情報処理

スポーツをするときに重要なことの一つは、特定の場面で何をすべきか、また何をするべきでないかということをすばやく決定し、その決定どおりに実行することである。そのプロセスは、まず、情報が人間に提示される。その情報にもとづいて、システム内の情報を処理する段階が一連の活動を開始する。最終的に、出力として、スポーツのパフォーマンスが生まれるのである。

人間が行なう情報処理には、いくつかの段階がある。一つめの段階では、刺激（情報）があるのかどうか、あるとしたらそれがいったい何であるかを判断する。すなわち、「**情報を分析する**」段階がはじめにある。この段階では、角度や色などが組み合わさって一つの飛んでくるボールが描写されるように、刺激に関連する情報が組み立てられる。この段階を「**刺激同定段階**」とよぶ。「**刺激同定段階**」で、刺激に関する情報が分析されると、次にどのような運動を実行すべきかを決定しなければならない。飛んできたボールをどう処理すべきか、味方にパスを出す、自分でシュートするといった、いくつかの選択肢の中から一つが選ばれるのである。この段階は、「**反応選択段階**」とよばれる。

最後の段階では、運動を実施するための運動システムを組織することが課題となる。このシステムは、運動を実行する前に脳や脊髄に運動を行なうための準備をして、運動をコントロールする運動プログラムを検索・作成する。さらに、その運動を実行するために必要な力の大きさ、力を発揮する順序とタイミングなど、筋が収縮する条件を命令する。この段階を「**反応プログラミング段階**」とよぶ。

プレイ中、体はつねにこうした一連の情報処理を行なっているのである。

この情報処理プロセスから考えたとき、上手にプレイするためにはどのように練習すればよいのだろうか？まず、選択できるプレイの数を増やすことである。練習でさまざまなプレイを試しておき、試合でその状況にあったプレイを選択できるようにする。初期段階におけるエラー情報が適切なプレーの選択の重要な情報源となり、その蓄積と正しく

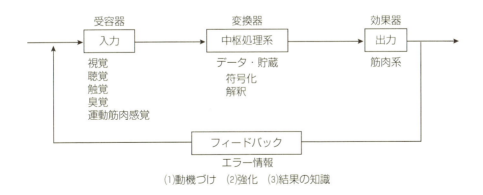

図2-15　運動スキル遂行に関するメカニズム

プレーできたことの情報と合わさってプログラムが成立していくのである。つまり、練習を積むことによって、「**自動的処理**」がなされ、、刺激に対して意識することなく、自動的に素早く反応できるようにする。自動的処理は、同じ刺激がいつも同じ反応を起こす一貫した練習計画によって、身につけることができる。これらを理解していれば、より効果的な練習を行なえるだろう。

(8) 運動における注意

　私たちの体の感覚受容器は、時々刻々と感覚情報を脳に送り込む。この情報を全て処理することは不可能で、必要と思われる情報を選び出して利用している。このより分けを行うのが注意の働きである。

　スポーツ場面では周囲の変化に対して素早く判断し反応することが求められる。この反応に求められる時間（反応時間）は、注意の向け方によって大きく左右される。相手のマーク、対面の動き、フェイント動作などである。

　注意を向ける目標の数、種類、属性の数が少ないほうが、対象を素早く検出できる。多くなればそれだけ時間が必要となり、反応時間は遅くなる。人間の注意の容量は一定であるといわれ（後述）、それをどのように配分するかは心の状態、すなわち余裕の有無（練習などの経験の大小）によって左右される。多くの場合、注意はある情報に向けられ、それから次の情報へ、というように、一つの情報に対して向けられ、二つ以上のことに対して、同時に向けることはとてもむずかしい。あるときは敵の動きを把握するために注意が向けられることもあるし、自分が次にどんなプレイをしようかと考え、自分の内側に注意が向けられることもある。筋や皮膚から入ってくる感覚に注意が向くこともある。これらの注意はたいていの場合、同時にではなく順を追って向けられるのである。

　しかし、ひと言で「注意」といっても、同じ物ではない。サッカーの場合、自分がドリブルしているボールに対する注意と、それをパスする相手に向けた注意では種類が異なるのである。

　注意には、刺激に対して反応して、自動的に働く**受動的注意**（顕著な刺激に思わず振り向いたり、気をとられるなど）と、自らの意思で注意の方向を意識的に働かせる**能動的注意**（プレーの先読み）がある。

　熟練者は、経験上過去の記憶の裏付けから重要な情報のありかを経験的に知っているなどからより効率的に情報を入手している。そのための手がかりの利用も効果的である。いわゆる「目の付けどころ」の大切さである。

　注意の中に、無意識的に働く受動的注意があることが分かるように、人間が情報を処理するときには、必ずしも意識は必要ない。逆にいえば、自分では注意を向けていないと考えている情報に対しても、実は無意識のうちに注意を配分しているのである。スポーツ中はこの二つの注意が両方とも使われている。実は、意識していない情報に対しても注意を向けているのである。

　それでは、人間が使うことができる注意の量は無限にあるのだろうか？残念ながら、わ

れわれ人間がもっている**注意の容量**には、限界があるといわれている。また、どんな人でも、注意の容量は一定であることもわかっている。私たちは、自分では注意を向けていないと考えている情報に対しも、実は無意識のうちに注意を配分している。そのため、注意のすべてを意識的に使うことはできない。意識的に注意を向けることができる情報には限界があるのだ。練習を積んでいない選手は自分の注意を味方の位置や相手に多くの注意を向けることができず自分のプレーに注意を向けざるを得ないが、練習を積んでいる選手は自分のプレーに自信があるなどして、見方や相手に対して注意を向けて余裕を持ってプレーを選択出来ていくのである。

このことからもわかるように、容量に限りがある注意を有効に活かすには、試合で行なう動作を注意せずに行なえるよう、くり返し練習しておくことが大切である。

(9) スポーツ選手の記憶

私たちは運動を実行する時に様々な記憶を情報として利用している。特に**感覚記憶、作動記憶、長期記憶**の各システムが相互に関係しながら働いて運動を遂行している。

感覚記憶

視覚、聴覚、触覚、体性感覚等の感覚の記憶。多くの情報が感覚として入ってくるが、その情報は数秒以内に消失する短期的な記憶である。

作動記憶

注意をコントロールしたり、感覚記憶や長期記憶の情報に基づいて考えたりする記憶である。**思考することのように出入りする情報の操作ができる作動記憶だが、維持リハーサル等をしないと数十秒以内に消失する。その範囲は7±2程度と言われる。**

長期記憶

知識など情報を蓄えている記憶。長い時間にわたって膨大な情報を保存できるが、そのための精緻化リハーサル等の心的な努力を必要とする。エピソード記憶と言われ、データ野球、フォーメーション、戦術、戦略、パターンとして記憶される。

人がプレーする時には連続する瞬間的な状況において、注意と記憶の引き出しを出し入れしているのである。

3．スポーツ選手と視覚（スポーツビジョン）

人間である私たちは、外部から五感という形で情報を得ている。「眼で見る」「耳で聞く」「鼻でかぐ」「舌で味わう」「皮膚で感じる」の5つです。スポーツ競技はその中でも、眼、耳、皮膚と自らの動きの情報を得る筋感覚をフルに使って相手と自分たちの位置や打たれたボールの内容を知るのである。

人間の脳は周囲の環境を認知する情報収集の80％を眼あるいは視覚から得ているといわれている。眼を介して情報は脳に伝達され、伝達された情報が分析判断されて、脳が指令を出して手足を動かす（本章 2．で詳述）。その主要な情報である視覚情報が十分に入ってこずに、情報の量やその精度が低くなるとミスという形としてプレーにも影響するこ

とがある。

　心・技・体に続くスポーツセンス向上のカギは優れた「よい眼」、すなわちスポーツアイが握っているといえる。「眼がよい」ということは、「視力がよい」だけではない。「眼がよい」というのは、「眼から正確な情報を得られることを意味している。

(1) スポーツに必要な視覚機能

　スポーツにとって重要な視覚機能には次の8つがあり、スポーツビジョンと呼んでいる。

- 静止視力：一般的に「視力」といわれるもので、スポーツをするときと同じ状態（矯正・両眼で測定する。
- KVA（近接）動体視力：動いている物を追いかける「追跡視能力」のうち、まっすぐ自分のほうに近づいてくる標的を捉える動体視力。
- DVA（横方向）動体視力：動いている物を追いかける「追跡視能力」のうち、横に移動する標的を捉える動体視力で、眼球運動と関係がある。
- 瞬間視能力：ほんの一瞬見えたものを認識する。
- 深視力：距離や位置関係を正しく認識する。
- 眼と手の協応動作：視野の中心だけではなく視野全体を認識する「周辺視能力」と、その周辺視で捉えた標的に正確に手を反応させる「協応動作能力」。
- 眼球運動：移動する標的を捉えてから追い続ける随従運動と、視野に入った標的に瞬間的に視線を移動させる跳躍性運動という眼球の動き。
- コントラスト感度：背景と標的が同系色でも、正確に標的、目標物を見分ける能力。

　これらの視覚機能は、すべて測定して客観的に評価とれ各測定は1～5の5段階で評価され、スポーツ選手の平均的な評価が5段階中の「3」とされている。

(2) 一流スポーツ選手の視覚機能

　スポーツ能力と視覚機能の関係をみると、一流スポーツ選手は非常に優れた視覚機能をもっていることが明らかにされている。資料を収集したスポーツビジョン研究会が対象となる選手についてその指導者にAからCにクラス分けを依頼したところ明らかになったことがある。

　Aクラス：優秀でレギュラークラス・信頼できるクラス
　Bクラス：Aクラスに準ずる交代要員、しかし、Aクラスほどの能力はない
　Cクラス：今後も期待できない、まず、レギュラーは無理だろう

　集計の結果、スポーツレベルがAクラスと判定された選手たちはすべての測定項目（8項目）でB、Cクラスより優れており、さらに、BクラスはCクラスよりも優れていた。一流と言われる選手は「よい眼」を持っていたのである。このことは、トップクラスになるにはよい眼が必要だということ。見る能力が低くてスポーツレベルが高いということはまれと判断できる。

　また、静止視力とKVA動体視力、深視力、コントラスト感度との間には相関関係がある

ということが明らかにされた。Aクラスの選手はフォーカスの合ったよい視力があるために、KVA動体視力もよくコントラストもはっきりし、微妙な距離感もつかめているのである。すなわち、Aクラスの選手は「よい眼」によってクリアな映像を見ており、それによってよいプレーができ、よいプレーを繰り返すことで、素早く、正確に、たくさんの情報を集めることができるようになるという、相乗効果につながっているようなのである。中学生や高校生の頃に集中的にスポーツに打ち込むようになりますが、同時にいろいろな要因でその頃に視力が低下する人が増えていくようです。そのような場合には、しっかりと視力矯正をすることが大切である。スポーツを本格的に始める頃にフォーカスの合ったよい眼で見ることによって、動体視力や深視力、コントラスト感度が向上し、よいプレーにつながると考えられる。

DVA動体視力、眼球運動、瞬間視、眼と手の協応動作などは静止視力の高低とはあまり関係がないということが明らかになっているが、いずれもAクラスの選手のほうが優れていた。これらはスポーツ経験や社会生活の中で意識を高めていくことで向上していくものと考えられる。

(3) 種目の違いによる特徴
《サッカー選手》

サッカー選手は自ら走りながら激しく動く味方と敵、そしてボールを追う「眼球運動」や動体視力が求められ、バランスのとれた高い視覚機能が要求される。Jリーグの選手では、トップの選手はそうでない選手に比べて、奥行き感を認知する能力である深視力が明らかに優れていた。ピッチ上での自分を中心としたすべてのプレーヤーとの正確な距離感をもっているのである。その高い深視力と予測力をもとに絶妙なスルーパスは生まれるものと考えられる。

また、Jリーグ選手をみると、その90%以上が視力1.0以上で、さらに視力1.5以上の選手が5割以上いるという抜群に眼のよい集団であった。砂ぼこりのグラウンドではコンタクトレンズは不向きですし、ヘディングや接触による衝撃ずれたりすることもあり、サッカーというスポーツの特性上眼鏡でプレーする選手は現在では皆無である。ピッチの端まで見通せる鷲や鷹のような視力はサッカー選手の命とも言える。

《野球選手》

時速140kmを越す速球や、鋭く、または微妙に変化するボールを打ち返す野球選手は高いKVA動体視力と瞬間視を有していた。プロ野球広島球団のデータでは、静止視力は一軍、二軍、一般人の間に差はなかったものの動体視力は一般人より二軍の選手が優れ、さらに二軍の選手より一軍の選手のほうが優れていた。視覚機能とパフォーマンスに正の相関があるといえる。

《卓球選手》

ラケット競技である卓球の選手は総合的に非常に高い能力を示しています。オリンピック代表選手には総合得点40点満点中39点というパーフェクトに近い記録を出した選

手もいた。そこで明らかになったのは、卓球選手は他のスポーツ選手に比べて抜群に DVA 動体視力がいいということである。卓球のスマッシュから打ち出されるボールは、日本の男子一流選手で秒速 22m になるといい、時速 100km に近いスピードであの小さいテーブルをボールが飛び交うわけで、その中には鋭く回転のかかったボールもある。そのラリーの 1 球 1 球をよく見て打つために、ボールを引きつけて素早く打つことが要求されるため、打った後も眼はボールを追跡し続け、選手の中には回転しているボールの商標マークが一瞬見えることがあると言う人もおり、トップ選手は DVA・KVA 動体視力、眼と手の協応動作に優れている。

《バドミントン選手》

競技レベルの高い選手は、高い瞬間視力と動体視力と眼と手の協応動作及び総合得点で特に優れていた。シャトルのラリー速度はテニスより緩急が激しいので、相手が打つストロークを見極めるために必然の能力と言える。トップレベルのバドミントン選手は総合的に高い視機能を有し、特に、瞬間視力、動体視力、見たことに対して正しく素早く反応する眼と手の協応動作などの運動視機能が優れているとともに、それらが劣っていることが競技遂行能力と深い関係があることが推察された。

《ソフトテニス、テニス選手》

ソフトテニス、テニス選手には野球の打撃やホッケーのゴールキーパー、カーレーサーと同様に極めて高い視覚能力が求められる。時速 100km を越すサービスやストロークに対して、2 つの動体視力、深視力、瞬間視によって距離感が働き、スイートスポットでヒットするため、眼と手の協応動作が必要となります。その他、輝く太陽の下でのプレーでは青い空と白いボールを見極めたり、日没に近い時間帯では暗くなった薄暗い空とボールをしっかりと見ることができたりするという点で高いコントラスト感度も求められる。

《トランポリン選手》

トランポリン競技は、体操などと同じ採点競技であり、演技中の姿勢の美しさ、高さやダイナミックさが採点され、そこに技の難易度が加点される。一度の競技で、連続 10 回の跳躍を行い、10 回の中で同じ技を出しても採点の対象にならないため、全て違う技を跳ばなければならない。競技は地上 1.15m にあるベッドと呼ばれる長さ 4.28m、幅 2.14m の編みこみの上で行われ、競技中にその内側に設置されたジャンピングゾーン（約 2m × 1 m）の枠の外に着床すると減点の対象になる。ジャンプの最高点は、世界レベルともなるとビルの 3 階の高さ、約 7m にも達するといわれ、各跳躍の開始と終了は常にベッドに直立の姿勢で着床しなければならず、空中では回転と捻りを繰り返すという、高度な身体バランスとその制御能力と高い集中力が求められる競技である。

トランポリン競技においても視覚により運動の方向や身体の姿勢・位置を確認することができるなど視覚情報は重要である（閉眼による演技は極めて危険なため認められていない）。常に安定して着床したり空中で回転や捻りを続けられている時には続けてズレが生じないように視覚情報は重要で、全身の感覚を最大限に研ぎ澄ます必要がある。一跳

躍ごとに着地の目標となる台上のベッドを確認し、それによって空中での自己の身体の姿勢の確認と制御、修正をすることが可能となる。正確な距離感と高度な濃淡を見分ける力によって空中での位置感覚を把握し、優れた瞬間視力と DVA 動体視力によってベッドを探索するための先読み的な眼球運動を行っていることが推察され、トランポリン選手は瞬間情報処理に優れていることが明らかにされた。

第3章　スポーツに対する動機

1. 運動に対する動機の分類
2. 動機づけ
3. アトキンソンの達成理論
4. 動機づけの機能（トールマン）
5. 強化理論
6. 内発的動機づけ理論
7. ワイナーの帰属理論
8. 達成動機づけ
9. スポーツ参加・不参加、継続・離脱
10. 運動嫌い・体育嫌い

ゴルフの聖地セントアンドルーズ（スコットランド）

1．運動に対する動機の分類

　動機とは、人を何らかの行動に駆り立てるきっかけについて説明する概念である。人がスポーツをする動機を理解しておくことは、スポーツ指導をするうえで大切なことである。人がなぜスポーツをするのか、という動機については、情緒的動機、社会的動機、内発的動機によって一般的に解説される。

(1) ホメオスタシス性動機

　生体の内部環境を定常に維持する過程を**ホメオスタシス**という。一時的（生理的）欲求の大部分の基礎にはこの過程が存在している。飢え、渇き、排出、睡眠など、人間の基本的な欲求を侵されたり、痛みや苦痛を感じた時、これらを回避しようとする動因・動機をいう。スポーツでは、高温、寒冷、高湿度、雑音といった悪環境条件で行われることがあったり、痛い、しんどい、きついなどの生理的な苦痛が伴うことが多く、スポーツという行動から回避しようとする回避動機に発展することが多い。初心者の指導において特に考慮したい動機である。

　マズローの欲求階層説の基本的欲求である**生理的欲求**や**安全・安定性への欲求**と対応している。

(2) 情緒的動機

　情緒的動機には、プレーすることでうまくいってうれしかったり、楽しかったり、興奮したり、上手なプレーを見て感動するといった情動に変化があってそのスポーツにより接近しようとする**接近動機**があげられる。

　一方、怪我をして痛い思いや怖い思いをしたり、失敗して恥をかいたといった経験や、自分ができるかどうか不安になって動揺するといった経験などは、スポーツから遠ざかっていく**回避動機**となる。これを**外傷性不安**という。特にスポーツの初期に経験した外傷性不安は、強烈な回避行動を誘発し、消し去ることが非常に困難である。

　初期のスポーツ経験において生じるこの情緒的動機は、その後のスポーツとの関わり方に影響するので、特に初心者指導や導入においては特別の配慮が必要とされる。

(3) 社会的動機

　社会と自己との関係における人間行動のあり方に関する動機が**社会的動機**である。社会的な存在である人は主に親和動機や達成動機によってスポーツに導かれていく。チームスポーツでは特に、チーム内の協力、共同、協同、一体感、連帯感といった感覚がはぐくまれ、友好的な親しい人間関係を求めることを親和動機という。一般に親和動機の強い人は、人の和やチームワークを大切にしているため勝敗を強調しすぎることを好まないことが多い。マズロー（後述）では、**愛情・集団所属の欲求**に対応している。

　スポーツには結果が伴い、相手がある場合には優劣が決まる。この結果において、あるいは課題が達成されたりする過程において、目標を設定しそれに向かって努力するという動機づけが高まることがある。これを**達成動機**という。

　競技スポーツを志向する選手には、達成動機が高く、苦しい練習に耐えて目標達成のた

めに努力を続けることが一般的である。一方、レクリエーションスポーツの場合は、始める動機もさまざまで求める目標も異なることが多い。競技スポーツを経験してきた指導者がレクリエーションスポーツの指導をする場合には、個々人の参加への動機と目標を把握し、自分とはスポーツへの取り組み方が異なっていることを認識しなければならない。マズローでは**自己実現**に対応している。

２．動機づけ
(1) 定義
　動機づけとは人間に行動を生起させ、その行動を方向づけ持続させる一連の力動的な心理過程のことである。この過程は、生活体に生ずる不均衡状態としての要求、または**欲求**（need）と、その不均衡状態を回復しようとする行動の源泉となる**動因**（drive）あるいは**動機**（motive）と、その対象となる**誘因**（incentive）あるいは**目標**（goal）の３つの側面からなっている。生活体の行動は、学習だけで起こるのではなく、動機づけとの相乗効果によって生成する。例えば、いくら学習水準が高くても、動機づけ水準が低ければ、行動の水準は低い。しかしその場合強く動機づけられると行動の水準は高い、つまり速く、強く、積極的かつ一貫的で長続きするのである。

(2) マズローの欲求階層説
　人間にとって、最高の健康とは、身体的・精神的・社会的に最高レベルに機能を発揮する状態であろう。それでは、この最良の健康を保持しようとした時に必要とされる条件とはどのようなものだろうか。それは個人が最高の健厳に到達する過程で基本的に満たされなければならない欲求である。これは、すべての人間がそれぞれの健康を維持するために必要とする基本的欲求にほかならない。

　人間は本来の欲求を満たすために、それとは別のそれに従属する欲求を持つことがある。また人間の欲求には、さまざまなレベルや種類があり、人間は誰でも、生活の向上を望むために、欲求内容にも向上が求められる。この欲求の向上に一定の順序・序列があるとしたのが「欲求階層説」である。

　マズロー（Maslow, A. H.）は人間の基本的欲求を５つに分類し、それらを段階的に並べ、より上段の欲求が満たされるためには、あらかじめその下段に位置する欲求が満たされなければならないと述べている。これら５層の欲求には、下位欲求から順に、①生理的欲求、②安全欲求、③愛と所属の欲求、④承認と尊敬の欲求、⑤自己実現欲求があり、これらの欲求が段階的になっていると考えた。

　まず、**生理的欲求**とは、自己を生理的に維持しようとする欲求であり、具体的には食物、水、空気、休養、運動などに対する欲求がそうである。言い換えれば本能に近い欲求とも言えるだろう。運動がしたいから運動をするのである。この欲求が満たされると、ようやく次の欲求を求めることになる。

　安全欲求とは、自己または家族などの安全・安定性を維持しようとする欲求であり、自

分や家族などを突然の危険などから回避したいという欲求がそうである。この欲求が満たされると、次に人間は社会的な欲求を満たしたくなる。それは所属欲求と言い、社会生活、他者との関わりを通して経験的に獲得されるものであるので社会的欲求とも呼ばれる。これは集団への所属、友情や愛情を求めたりする欲求であり、具体的には仲間はずれにされたくない、人から愛されたいなどが挙げられる。こうなると欲求の次元は更に進み、自己価値を信じ、他人に認められたい、という**尊敬欲求**が生じることになる。これは、社会の中でも認められたい、他人から尊敬されたいなどが具体的なものである。

最終的には自己の潜在能力の顕在化や自己の成長や発展を求めたりする欲求、**自己実現欲求**を求めることになり、具体的には自分の実力の限界に挑戦したいという欲求などが挙げられる。この自己実現欲求については、自分の求める水準の欲求が満たされればある程度の満足は得られる。したがって、周囲からの相対的な評価より自分の中での自己評価の段階に入っていくということになる。しかし、自己の限界や可能性についての挑戦が始まることになるため、現実には完全に満たされることは無いと言われている。

自己実現的に生きる人は、自己への「**気づき**」があり、その自己を「受け入れ」ていて、その自己を「現実化」している存在といえる。自己実現欲求の強い人は、自主的であるとともに、人間関係において、自分自身を受け入れるように、他人に対しても愛情と信頼を示し、相手の異質性を認めて人間関係を維持・発展させ、相互信頼的な関係を築くことができるようになる。それとともに、彼らは、自己や他人以外のあらゆる事態に対しても受容的になることができる。

マズローはこれらの5つの欲求は同時に発生するのではなく、より低階層の欲求が満たされないと次の階層の欲求が発現しないと主張する。より低次の階層（欲求）は、誰もが生きるために基本的に必要であり、誰でも同じであるが、上層になるほど個人によって差があり、多様性をお

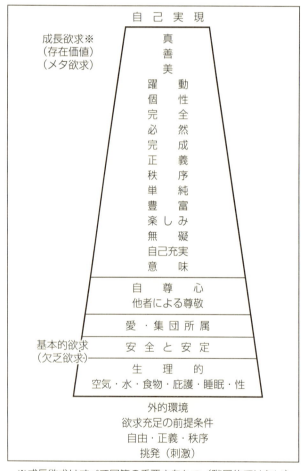

図3-1　マズローの欲求階層

びてくる。この欲求階層説は、欲求の発達を考える上で極めて重要である。

(3) 動因理論

スポーツや学習の遂行に関して、その原動力になっているものとはなんだろうか。個体の生命維持や種の保存に関わる生得的行動の推進力の場合には**動因**（Drive）、社会や文化の価値を通して個体が獲得していく社会的行動の推進力の場合には**動機**（Motive）と呼ばれる。

この動因・動機は、行動というものの"なぜ"を説明するために人為的に構成された概念である。一般的に動因は生理的欲求、具体的には喉の渇きや空腹を指すことが多く、動機は達成、親和などの心理、社会的欲求を意味することが多い。

ハル（Hull）は、人間の欲求というものがどのようにして生まれ、いかなる心理的過程を経て人間の行動を一定の方向へと導くのかという、動機づけのプロセス理論に最初の体系的な枠組みを与えた。ハルらによれば、人間の行動の強さは、動因つまり生体内の「心的エネルギーの大きさ」と「過去の学習経験の強度」の積によって表されるという。つまり、動因理論とは動因（自己を生理的に維持しようとするホメオスタシス性の生理的欲求の程度）を原動力とした行動の強さは、過去に経験した学習の図式に従ってある一定の方向に導かれるというものである。

しかし、これに対し**レヴィン**（Levin）や**トールマン**（Toleman）は反対の立場をとっている。ハルの動因理論に対し、彼らは**期待理論**という考え方を述べている。これは、動因理論が過去の学習経験の強度を必要しているのに対し、その代替として、ある行動の結果、心的エネルギーつまり生理的な欲求を解消してくれる行動を主張するものである。つまり、自己の生理的欲求を解消してくれるだろうと思われたり、またはそう期待できる行動があればそれによって行動が一定の方向に動機づけられたりするという理論だと言えよう。

動因は行動を直接生起させかつ持続させるが、その行動を一定の方向へ指向させるためには動因に対応した外的刺激が必要となる。この外的刺激は、個体の外にあって行動を方向づけたり惹きつける力である。例えば、食物や金銭のように有機体を引きつけたり、危険物のように避けさせたりする力を発揮するので**誘因**、または**目標**と呼ばれている。この場合、誘因が動因に目標が動機に対応して用いられることが多い。具体的な誘因としては食物や金銭、昇進、試験に合格するなどのように行動の目標となる対象または事象、あるいは報酬などと呼ばれるものが考えられる。これらは客観的な対象や事象だけとは限らず、動因との関連性において意味を持つことになった動機づけ要因の構成概念であるといえる。誘因獲得の手段としては、動因を低減させる行動をとること、最も有利であると考えられる行動をとること、自己実現などの内発的動機づけによるものが考えられる。

(4) 挑戦

挑戦的な目標設定は、動機づけを高めることになり、目標を達成した時の喜びや満足

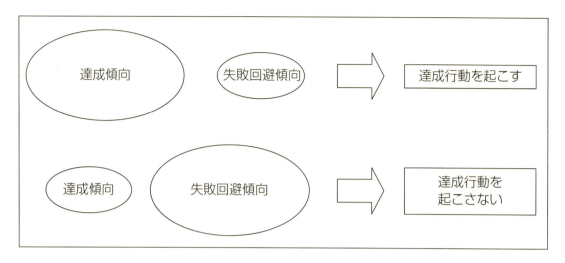

図3-2　達成傾向と失敗傾向の関係図

感、得られる有能感も最大となる。しかし、挑戦の水準と自らの能力の水準の関連性も重要であると考えられる。つまり、自分の能力に適した水準の課題に挑戦する時に**フロー状態**になるのである。難しすぎる課題はあきらめが生じ、簡単すぎる課題は、やる気が起きないのである。適切な課題設定と、技能レベルの見極めが重要になる。

また**ジム・レイヤー**（Jim Leoyer）は、挑戦すると言う動機づけは選手の心理構造の中でもっとも高い位置に存在する。そして選手は、いいわけ、怒り、ビビりをのりこえると挑戦に達することができ、動機づけを維持・促進できると述べている。

3．アトキンソンの達成理論

アトキンソンは達成理論において、課題を達成しようとする行動は接近傾向（達成傾向）と回避傾向間の葛藤の結果として生じるものであると考えた。すべての達成関連行動に関係するものとして、成功の可能性と失敗の可能性があげられる。これらの予期される情緒の強さが、課題を達成しようとする行動に接近するか回避するかどうかを決めることになる。つまり、達成行動は成功願望と失敗恐怖との情緒的な葛藤の結果であるとみなされている。この2つの変数を関数として次の図のように達成行動が決まるのである。

失敗敗回避傾向よりも達成傾向の方が大きい場合、達成行動を起こすが、逆に達成傾向よりも失敗回避傾向の方が大きいと、達成行動は起こさないのである。

4．動機づけの機能（トールマン）
(1) 行動を始発する機能（行動を起こさせる）

実際に人を運動行動へと導くはたらきであり、ひとを活動状態にさせ、エンジン（活動のスピード、強さといった行動の推進力、エネルギー）の役割を果たすとされている。個体を活動状態にもたらす働き、つまり行動を開始する働きである。例えば、空腹状態にあ

る人や動物はイライラして落ち着かない一種の心的緊張状態におかれる。そして、そのようなエネルギーが行動へとその個体を駆り立てる原動力となる。このことは、ネズミでは発情期に性的動機が高まり、それが活動性を急激に高めることになった結果と考えられる。

(2) 一定の目標に行動を導く機能（行動を一定の目標に導く）

　人間の行動を一定の目標に向かって規制し、方向づけるはたらきをするものである。そのため、動機があってもそこに魅力的な目標がない場合には、行動は生起しない。動機と目標は密接な関係にあり、一般に動機が強ければ高い目標をもつ原因となり、目標が高く魅力的であれば強い動機が引き起こされる。

　個体の行動を特定の方向に志向させる働き、つまり一度起こした行動を維持・継続する働きである。例えば、渇きの動機と飢餓の動機とではそれぞれ異なった行動目録を解発させ、最後にはそれぞれの動機に適した誘因（水・食物）に導く行動が選択される。鶏にほとんどカルシウムを与えないで飼育すると、雌では卵の殻が非常に薄くなり、ついには全く生まなくなる。このような鶏にカルシウムを含有する餌とそうでない餌を与えると、前者のほうをはるかに多く摂取することが知られている。

(3) 行動を強化する機能（目標に到達した時行動を強化させる）

　行動が終わった時に見られる効果であり、再びその行動を起こす可能性が増えたり、減ったりする働きである。

　動機によって生起する行動がその動機を充足すると、その行動が再び発現する可能性が強められる事実は一般的に認められている。このことを効果の法則（P　**強化理論**）と述べている。強化は、正の強化と負の強化がある。ある刺激を与えたとき、その後の反応確率が増加するのであれば正の強化で、反応確率が減少するならば負の強化となる。道具的条件づけ学習は、与えられた刺激と「正しい」反応との結合を強くすることと同時に、刺激と全ての「正しくない」反応との結合を負の強化によって弱めることの両方と関係している。その刺激が再び提示された際に、正しい反応が生起し、また競合されている正しくない反応は抑制され、その結果、全般的に一層効果的なパフォーマンスが導かれるようになる。監督が選手のパスを褒めたならば、その監督の一言が正の強化として働き、その選手は今後この種のパスを試みるようになる。そして成績が悪いことを理由に主力の選手を外せば、これは負の強化に働くことになる。

5. 強化理論
(1) 強化理論

　強化とは、与えられた刺激に対して、「正しい」反応（正の強化）との結びつきを強めると同時に、「正しくない」反応（負の強化）との結びつきを弱める両方と関係している。強化理論の本質的なところは**ソーンダイク**（Sonedyke）の「効果の法則」に基づく。つまり、以前経験した刺激が再び現れた際には、正しい反応はより生起しやすく（反応確率の

第1部　スポーツ心理学

増加）、また、正しくない反応は抑制（反応確率の減少）される。強化を繰り返すことによって、一層効果的なパフォーマンスが導かれる。

結果の知識のようなフィードバックは、刺激事象と生じうる運動との結合を強めたり弱めたりすることで、より効果的なパフォーマンスに導く強化として考えられる。多くの場合、強化は指導者の手によって行われる場合が多く、適切な強化を施せるか否かが選手の能力を大きく左右すると言っても過言ではない。

また、トレーニング中には強化を与えるが、究極の状態（試合時など）でのパフォーマンスでは強化は完全に取り除かれている。つまり、正しい選択を達成することによって強化を次第に取り除く、あるいは弱くした状態で初めて実際のプレーで反映されるのである。

① 正の強化

正の強化は、選手を「ほめる」、つまり本人にとって「嬉しいこと」「好きなもの」を与えるとによりその行動を増やすことである。厳密に言うと、行動の回数が増えたときだけを強化というのであり、いくら選手のよいプレーをほめても、そのプレーの回数が増えなければ、ほめることは強化子とは言えない。

正の強化子に使われるものには、習い覚えなくても行動を強化する力をもつ一次性強化子と、習い覚えてはじめて強化の力を発揮する二次性強化子の2つがある。

一次性強化子は、満たされない物質的なものを直接与えるもので、満たされれば、その効果はなくなってしまう。お腹がすいている人には食べ物を、のどが渇いている人には飲み物を与えるが、満たされればもういらないのである。こうした強化子はスポーツ指導のときにはすすめられない。

二次性強化子は、ほめたり、関心を示したり、学校の成績のように点数をつけて渡すもので、スポーツ指導の時には効果的である。こうした二次性強化子は、物質的なものに頼らず対人的なほうびを使うので、社会性強化子ともいわれる。加えて、この強化子は、望ましいプレーやほんの少しの成長などが見られたら、できるだけ早く与えることが重要である（**行動と強化子の接近化**）。

（例）

- シュートに行こうとしたが敵が多かったため、ノーマークの見方にパスを出す。→「良く周りを見た」、「ナイスパス」などの様にほめることによって選手はパスという選択肢を覚える。
- アメフト選手が試合でファインプレーをしたら、コーチから小さなシールを貰ってヘルメットに貼る。
- 前回できなかったプレーが、今回は少し上手くできたのでほめる。
（**形成化**：少しずつ最終的な目標に向かって進めていく）
- 野球の外野手が、打者が打ったボールをキャッチし、ホームベースへすばらしい投球をしたことをほめる。

（連鎖化：一連の動作の最後をほめることで、その前に行った全ての動作を強化する
　→最終的な目標から逆にさかのぼっていく）

② 負の強化

　負の強化は、ある動きが起きたら、選手にとって「嫌いなもの」「嫌な状態」を取り去るものである。

（例）
・敵に囲まれた明らかに不利な状況でも強引にシュートをし、外す。
→「強引なプレーはいけない」、「周りをよく見ろ」などの様に、プレーに対して批判することによって、選手は強引なプレーを控える様になる。
・練習を休んだり、一生懸命練習しない選手にガミガミ怒鳴る。
→ガミガミ言われるのが嫌だから、怒鳴られる前に練習を一生懸命やる。

　一方、主として行動の頻度を増やすことを強化と呼ぶのに対して、行動の頻度を減らすことを罰と呼ぶ・罰というと何か非道徳的で、冷酷なイメージがあるが、必ずしもそうではない。

　罰には、選手にとって嫌悪的なものを与える第1のタイプと、選手の好きなものや楽しいものを取り上げる第2のタイプがある。世間一般では、第1のタイプを「罰」というが、この種の罰は与えてもその効果が長続きしないのと、与え続けられることで、反発が起こり人間関係にまで悪影響を与えることが少なくない。　逆に、第2のタイプの罰は、上手に使えればそれほど強い反抗や怒りなどの感情を呼び起こさないので、非常に有効な指導法をして注目されている。学業成績が悪い選手は、練習に参加できないなどがその例である。

6．内発的動機づけ理論

　近年「人を動かすものは何か」の答えとして、要求－動因－誘因の機能的関連では説明できない内発的な動機を強調する動きが盛んになってきた。これは行動主義に立つ動因低減説にはっきりと対立する形で提出されたものであり、大きくは認知論的立場に入るであろう。ここで「内発的」というのは、**外的報酬**（食物・金銭・称賛等々によって「外発的」に動機づけられていないというだけでなく、積極的に内的報酬を求めるという意味を持っている。「内発的」に動機づけられた場合、従事している活動はそれ自体が独自の価値や意味を有しており、他の活動で代えることができないのである。運動についていえば、陸上競技の醍醐味、テニスの魅力、ダンスの楽しさ等々を求め、また引きつけられて運動している状態が内発的に動機づけられているということになる。

　報酬とは、食物・水・金銭・名誉などが通常用いられる。学習と遂行を区別する立場に立つトールマンは認知と要求性が一緒になって反応を生起させるという。結果の法則によれば、同一事態で動物が行ういくつかの反応のうち、満足をもたらす反応はその事態といっそう強固に結合され、したがって再び同じ事態が生じるとき、その反応が起こりやす

第1部 スポーツ心理学

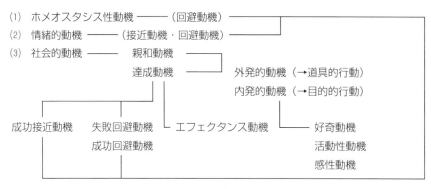

図3-3　運動に対する動機の種類

くなり、学習は報酬が与える満足によって成立するとされた。つまり認知によって学習が成立し、それが実際に遂行行動となるためには要求性を必要とすると考えるのである。また報酬は、外発的動機づけと内発的動機づけに関係して、**外発的報酬**と**内発釣報酬**とに区別されることがある。外発的報酬の場合、報酬は行動に対して外部から与えられる。つまりその間には生起的な結びつきはない。このとき活動は外発的報酬を得るために遂行される。しかし、遊びや探索のような活動はそれ自身のためだけになされている可能性もある。感性、好奇行動、認知のような動機が内発的報酬のもとになるといわれている。

　したがって、何らかの目的・報酬を得るためにスポーツを行う場合を**外発的動機づけ**という。運動会や体育祭、競技会で賞をもらうためや、病気の予防、体力の低下防止のためのスポーツ、あるいはコーチにしかられないための練習などがそれにあたる。これに対して、単なる手段でなくスポーツそのものに魅せられ、プレーすること自体が目的の場合を「**内発的に動機づけられた**」と解釈する。スポーツすることの醍醐味、魅力、楽しさ、爽快感といったことがらがプレーヤー自身の内面にいかに誘発するかということが指導の課題となる。内発的動機づけには、好奇心から生ずる**好奇動機**、活発な活動を求めることによって生ずる**活動性動機**、感性から生ずる**感性動機**がある。また、運動を繰り返すなかで、何かを達成したり克服したりした時に、自己の能力に気づくことによってさらに意欲が高まる**エフェクタンス動機**がある。

7．ワイナーの帰属理論

　スポーツや学習活動において、そのパフォーマンスや学習結果が、良かったり悪かったりすることには様々な原因が考えられる。それらの原因の帰属の仕方によっては、その後の動機づけや学習意欲を高めたり、また逆に個人の達成動機の高低や、自己概念などの要因、つまり認知や行動にマイナスの影響を及ぼすことがある。このような、自己の経験した達成結果（失敗・成功）の原因をどのように認知するかによりその後の行動様式が決定するという考え方を原因帰属理論という。数々の研究から断達成結果の原因帰属様式が、次に生起する行動や動機づけに影響を与えること、抑うつ、無気力などと関連があること

が明らかになっている。

　行動の結果としての成功と失敗の原因には様々なものがあると考えられるが、主に内的要因（能力や努力）と外的要因（運やチャンス、課題の困難度など）に大別される。ワイナー（Weiner）は、帰属要因を分類するために、①その帰属要因が個人の内部にあるか外部にあるかという次元（内在性次元）、②帰属要因の時間的安定性・変動性に着目した次元（安定性次元）、③原因が自分の力でコントロールできるのかに着目した次元（統制可能性次元）の3つの次元を設定した（特に①と②）。

(1) 能力
　「能力」は個人の内に存在するものであり、安定した要因である。主に成功経験で帰属することが望ましい。中には、度重なる失敗経験での「能力」への原因帰属により、「自分は何をやってもだめなんだ」という学習性無力感を形成してしまう選手も現れてきている。

(2) 努力
　「努力」は「能力」と同じく個人の内に存在するものであるが、不安定要因に属する。したがって、失敗経験で帰属させることが望ましい。このことにより、成功への期待や動機づけが低下することはない。ドゥエック（Dweck）らの研究でも、失敗経験を「努力」に帰属した生徒は、努力すれば成功するという期待をなくさず、達成意欲をもち続けたと報告している。一方、成功経験では、「努力」よりも「能力」に帰属する方が誇りを高め、動機づけを促進してくれる。

(3) 課題の困難度
　「課題の困難度」は、個人の外に存在し、比較的不安定な要因である。これは失敗経験においても成功経験においても帰属することがあまり望ましくない。特に失敗経験においては課題の困難度である障害への帰属が言い訳に変容することがある。

(4) 運
　「運」は「障害（課題の困難度）」と同じく外的・不安定要因である。これは成功経験よりも失敗経験において帰属させることが望ましい。しかし、失敗経験を重ねる度に『運』に原因帰属させていたのでは進歩しないため、不安定要因という点で同じであるが自分でコントロールできる「努力」に帰属させた方が良い。ただし、一時的な気分の切り替えには都合の良いものとされている。

8. 達成動機づけ

　ある到達目標に自発的、積極的に取り組み、自分から進んでその目標を成し遂げようとする意欲は、「やる気」という慣用句で呼ばれている。これに類似した言葉を心理学用語に求めるならば、達成動機づけである。達成動機づけとは、価値目標を卓越し

表3-1　成功・失敗の原因帰属の分類

安定性	統制の位置	
	内的	外的
安　定	能　力	課題の困難度
不安定	努　力	運

た水準で成し遂げようとする行動の動機づけであり、達成志向場面において成功を求め、失敗を避けようとする行動を説明する概念である。

　達成動機づけをスポーツ選手の心理的適性としてとらえた一連の研究によると、国際大会や全国大会レベルに出場した選手は、都道府県大会レベルの選手よりも、競技に対する達成動機が高く競技不安は低いとされている。この結果は、達成動機づけがスポーツ場面での勝利（成功）や敗北（失敗）を予測する極めて重要な要因であり、また、スポーツ選手の心理的適性として十分とらえるものであることを示すものである。

　これらのことから、動機づけの原因帰属理論は意欲、達成動機、無力感等と相互関係を持っていると言うことができる。体育・スポーツにおいても原因帰属は密接に関連しており、選手の理解とより良い指導法を確立させるための重要なポイントである。失敗や成功は誰もが経験するものであるから、指導者は、動機づけの原因帰属について理解し、選手が失敗を恐れず、自ら困難な課題に取り組んでいく態度を開発出来るようにするべきである。そして、学習性無力感などの問題に陥らないよう絶えず配慮することが大切である動機づけの原因帰属理論を体育・スポーツ場面に応用する際にはいくつかの問題点が指摘されている。ロバーツとパスカッツイによるスポーツ選手の勝敗に対する原因帰属の調査では、ワイナーの4要因に分類された回答は全体の45％にすぎなかったということを報告している。つまり、スポーツ選手に対して独自の原因帰属要因を検討する必要があると思われる。また、前述では『能力』は安定性要因であったが、スポーツにおける『能力』は長期にわたるトレーニングなどにより向上することが明らかであるため、安定性要因と言い切ることに問題がある。したがって、体育・スポーツ独自の動機づけの原因帰属理論を検討する必要があると思われる。

9．スポーツ参加・不参加、継続・離脱

　「なぜ人がスポーツに参加するのか」というスポーツ参加動機と「一度参加した人が、継続するのか」という継続動機、「なぜ離脱するのか」という動機について検討することはスポーツの持つ価値が最高になると考えられる。

(1) スポーツに参加する理由（Weis & Chammeton, 1992）

　スポーツへの参加動機に関する先行文献を概観した結果、次の因子によるとしている。
① 有能さ（新たなスキルを習得したり、スキルを向上させるため、目標の達成のため）
② 体力（シェイプアップ、体力向上、強化のため）
③ 親和（友達がいるから一緒にいたい、新たな友達をつくるため）
④ チームの側面（チームやグループの一員であることを実感するため）
⑤ 競争（試合で勝つため、成功するため）
⑥ おもしろさ（エキサイトメント＝興奮する楽しさ、挑戦する、活動するなどの楽しさを体験するため）

　これらを満たすために、人々はスポーツに参加しているものと考えられる。1つの理由

に限っているのではなく、複数の理由が重なって参加することも明らかにしている。

(2) スポーツに参加しない理由（Goodrick *et al.*, 1984）

上記のような要求が満たされるにもかかわらずスポーツに参加しようとしない、参加できない人も多い。その理由として、①時間がない（仕事や家事が忙しすぎる）、②疲れている、③施設がない、④知識がない（どのようなスポーツをどの程度したらいいか）、⑤する意思がない、などが挙げられている。しかし、スポーツする人としない人との間に物理的な施設や情報・知識に差があるのではなく、使用とするかしたくないかという「意思」が大きく関与していると考えられる。

(3) スポーツからの離脱

一度開始したスポーツを継続する人と離脱する人が現実にいる。その理由として、
① 人間関係（対指導者、対仲間、きびしい上下関係、リーダーシップ、いじめ、仲間はずれ、伝統の威圧）
② 練習内容、上達の停滞、レギュラーからはずれ（厳しい練習、長い練習時間、自分だけうまくいかない）
③ 勉強との両立（学校の勉強が遅れる、学校の成績が下がった、両立できない）
④ 病気・怪我
⑤ 不平等（みんながやっている練習からはずされた、指導者が平等に扱ってくれなかった）
⑥ 他にしたいもの（他に熱中するものができた、友達と遊んでいたい）
などである。

運動やスポーツ活動からの離脱に至る要因を検討することは、離脱を予防し、継続を促すという意味のおいて重要である。離脱が一時的なものであったり、他のスポーツにチャレンジするための離脱のような新たな参加になりたいものである。

10. 運動嫌い・体育嫌い
(1) 運動が嫌いになるきっかけ
① 恐怖に関するもの

苦痛回避動機とともに、痛い思いをするのではないかという情緒も関係する。スポーツと不快感情や回避行動はもともと直結しない。しかし、そこでの恐怖体験が刺激となり、不快感情や回避行動に強く結び付く条件づけられる。強烈な苦痛体験は1回だけで条件づけが成立する。重症の運動嫌いを生みだし、消し去ることは非常に困難である（**外傷性不安**）。

② 能力に関するもの

運動が上手くできない→うまくできないから恥ずかしい→嫌いになる

有能感が得られないというより逆の無力感とともに、恥ずかしい惨めといった情緒も関係する。

③ 汎化

ある刺激に条件づけられた反応が、その刺激だけでなくそれとよく似た刺激に対しても同様の反応を起こすようになること。

　例　体育の先生が嫌いで先生だけでなく体育の授業が嫌いになる。
　　　ドッジボールでの突き指したことから球技がみんな嫌いになった

(2) 運動嫌いを生みだすメカニズム

① 苦痛刺激との条件付け

運動嫌いを生みだす恐怖体験の背景には、パブロフの古典的条件付けのメカニズムが働いている。苦痛体験(無条件刺激)は生得的に強い不快感情と回避行動(無条件反応)を引き起こす。運動と苦痛体験が同時に成立すると運動(条件刺激)と不快感情・回避行動が強く結び付き条件反射的な行動が成立してしまう。繰り返される苦痛体験だけでなく、一回の強烈な苦痛体験も重症な運動嫌いを生みだし消し去ることは非常に困難である。いわゆる外傷性不安である。

② 学習性無力感の形成

運動嫌いになるきっかけのもう一つは能力に関するものである。初めはうまくなりたいという意図を持って一生懸命努力して練習するが、いくらたっても上達しない、人より下手、いつも負けてばかりという経験を繰り返していると、「自分はいくら努力してもダメ」、「運動神経が鈍いからどうしようもない」、といった意図・行動とその結果についての非随伴性の認知が形成される。その結果、運動に対する動機づけが低下し、学習が上手くいかなくなる（学習障害）だけでなく、強い嫌悪感や自分に対するみじめさなどの情緒を抱くようになる（情緒的混乱）。このような場合を学習性無力感が形成された状態だといえる。

運動場面で学習性無力感が生じる過程には次のような順序性がある。
　A 事実：練習しても上達しない
　B 知覚：練習しても上達しない事実に気づく
　C 帰属：上達しない要因は自分に能力がないためだと考える
　D 期待・予測：将来努力しても上達しないと考える

③ 学習性無気力状態（意欲の低下、学習障害、嫌悪感、無気力性格）

近年原因帰属の考え方が導入され、上達しない原因を自分の能力に帰属するほど重症度が高いと説明されている。

運動嫌いに連結する運動能力の劣等感形成については次のような要因が考えられる。
A 運動能力が低い　B 身体的問題(虚弱体質、器官劣等感)　C 性格上の問題　D 指導上の問題　E 友達の嘲笑、などである（江川）。

また、**劣等感形成のメカニズム**としては次のような順序性があると考えられる。
　A 失敗経験：プレーの失敗、技術的稚拙
　B 社会的罰：級友に嘲笑される、からかわれる、先生に注意される

C 恥心（性格的要因が絡むと）
D 嫌悪感発生：内面的回避行動
E 苦手意識・劣等感形成：自分は運動神経がない、運動能力がない、という認知が成立
F 外顧的回避：ずる休み、頭痛、腹痛、トイレに行きたいなど
G 劣等感の維持・増大

運動嫌いの行動傾向として①その人固有の理由や動機、ストーリーがある ②運動意欲を失っているばかりではなく、運動学習を積極的に拒否しようとする情緒的態度を持っている ③運動によって友人や教師と親和性を深めようとしない一種の関係失調がみられる ④生まれつき運動神経が鈍いという思い込みや諦めがある ⑤性格的には、内向的、非活動的、運動学習面では消極的、機械的、他律的で持続性、開放性に乏しい（佐久本）ようであり、その対応にはカウンセリング等による慎重な対応が求められる。

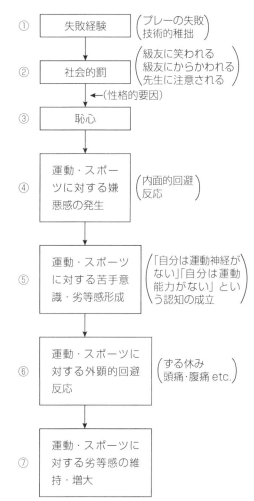

図3-4 運動能力の劣等感形成メカニズム

第4章　スポーツの心理的効果

1．スポーツの心理的効果
2．運動の心理的効果のメカニズム
3．スポーツの心理的マイナスの影響
4．フラストレーション
5．適応機制
6．フラストレーション反応の効果

スポーツ実技Ⅰ（シーズンスポーツ夏・遠泳を終えて）

1．スポーツの心理的効果

運動の仕方（短期的・長期的、軽度・重度、個人的・集団的）によって異なるが、運動やスポーツ活動は人の心身にさまざまな影響を及ぼすものである。

(1) 気分・感情の安定、爽快感

運動を適度に行った後は、気分が爽快になり、何事に対しても意欲がわくものである。特にスポーツでひと汗かいた後は、さわやかでくつろいだ気分にひたるものである。また不快な時（不安、イライラなど）に運動すると、一時的に不快感が解消されることがある。このように、適度な運動は感情面にプラスの効果を及ぼし、よりよい心理的な適応状態を作り出すことに役立つのである。

(2) 心的緊張や不安の軽減、気分転換

いわゆるスポーツを行う目的のひとつに「ストレスの解消」がある。体を動かすことが、敵意・欲求不満や葛藤といった日々の不快な情緒的緊張や不安の「はけ口」の役割をし、特に攻撃的衝動が昇華されるという。これらを**カタルシス（浄化）効果**という。日常的世界から非日常世界への移行によって気分転換、気晴らしが計られる。

(3) 抗うつ効果

うつ的状態において不足している脳内神経伝達物質ノルアドレナリンが、歩行を含めた運動をすることで分泌され、その改善に効果的だといわれている。その場合、叱咤激励や、不用意な励ましなどはせず心理的な負担を与えないことが大切である。全身持久的なウォーキング、ジョギング、サイクリング、スイミング、エアロビック・ダンスなどが効果的で、いずれも一定の頻度、強度、期間が必要である。

(4) 自己概念の変容

運動することは、結果が伴うものである。また、トレーニングを重ねることで体力がついたり、体格が変わっていくことはよくあることである。運動を続けていくことは、自己実現を達成していく過程でもある（第3章参照）。運動によって、自己に対する評価を高め、自信が強まるなどの自分についてのボディーイメージや自分に対する認識が変化していくことがあり、また、危機的状況における能力発揮の自信や、努力すれば報われると言った成功への自信は、その後の積極性・自主性といった態度が形成され、心理面、行動面に波及することがある。また、自尊心や自己受容など自身に対する感じ方（セルフ・エスティーム＝自尊感情）が高まることによって行動変容が生まれるという考え方が最近論じられている。

自分がある具体的な状況において、適切な行動を成功裡に遂行できるという予測や確信を**身体的自己効力感（自己有能感）**というが、感情にも大きく関与する。これを高めることによって、不安や抑うつの改善や、ストレス軽減につながる。一方逆も当然有りうることで、負ける、失敗するなどの心的にも苦痛感や経験が重なることで、自己のイメージは、消極的、依存的、劣等感などを生起し、強化していく（学習性無力感とも関連する）。

（5）パーソナリティへの影響

　諸説があるが、総括すると一定のスポーツ経験により、一般的に活動傾向が高まり、情緒の安定化、外向性の傾向が強まるといえる。また、チームスポーツの経験によって、人間関係における協調性、協同の態度が養成される。その他、意思力、積極性、主体性、統率力、粘り強さ、闘争心、向上心、自己主張、自立、ルール・マナーを守る態度、計画性、礼儀、人との接し方、挨拶、自己を見つめる、などといった態度が養われ、このことはスポーツの場面だけでなく、生活全般いわゆる人間教育そのものに対する期待や貢献と同様である。

（6）対人関係の改善

　集団で行われる運動への参加者は、相互にコミュニケーションをとるが、非言語的コミュニケーションによるやり取りも行うこともある。運動することで他者との交流を図ることにより対人関係の拡大や深まりがもたらされるのである。今後高齢者の運動参加においては体力向上や維持だけでなく、生活の質の向上に大きな貢献が期待される。

　スポーツ集団への参加は、集団所属の欲求を充足する一方、対人関係や集団への適応性も養われる。人間関係を学び、紀自己の責任や協同の大切さを自覚したり、集団の中で個性を発揮することで、社会的な態度が養われていく協同性（協調性）。この過程で諸々の人間関係を学び、自己の責任や協同の重要性を自覚したり、あるいは集団の中における個性の適正な発揮の仕方を学ぶことによって、社会的な態度が養われていく。また、グループを引っ張るリーダーシップやメンバーとして機能していくフォロワーシップを学ぶことができる。個人対個人、集団対集団、そのクロス、指導者との関係など人間関係への適応性が養われる。

（7）精神的能力

　簡単な計算、識別等の知覚的能力や記憶、単純な反応時間などの精神的な能力は、スポーツを行うことによって効果があるといわれている。体力に余裕のある者とない者、運動の程度と時間の長短は疲労との関係で影響が異なる。

　精神的能力は、短期間で激しい運動によって向上し、時間の激しい運動は、疲労によって低下する。また、長時間の適度な運動によって向上する一方、過負荷の運動は、骨格筋、運動システム全般の疲労により、精神的能力も低下する。

　また、スポーツの技術習得や競争場面で常に繰り返される判断力や予測力といった認知的能力は、経験の積み重ねによって向上し、競技レベルの高いほどその能力は高いとされている。

（8）人間形成

　スポーツ活動が人間形成に役立つと考えられる。また、親が子にスポーツを勧めるのは、その効果を期待しているからに他ならない。

① 自発性

　練習など活動自体はコーチや指導者に方向づけられるが、自ら活動の中で動く場合に

意思決定を下し、自己決定を常に求められることによって自発性が育まれる。
② 自己統御性
　自己コントロールを適性にすることが試合では求められる。衝動を制御し、見通しを持って行動することによって情緒の安定や集中力が養われる。
③ 忍耐力・耐性（トレランス）
　目標（結果及びパフォーマンスに対する目標）を達成しようとする過程で、苦しい練習に耐えて頑張りぬくなどさまざまな心身の苦痛条件を克服することによって体力の増強や高度な技能が修得されていく。この過程や経験が、多くの困難に対する心身の耐性を養うとされている。
④ 創造性
　常に新しい発想や技術の工夫や開発をしようという意欲は練習方法やトレーニング方法、試合での作戦・戦術の開発につながり、創意工夫を心がけ、スポーツをより知的な活動として位置付ける。
⑤ 目標達成意欲の向上
　目標達成に必要とされる忍耐力、闘争心、勝利意欲、自己実現意欲といった能力が貴容疑レベルの高い選手ほど優れている。

(9) 心理治療の補助としての運動
　運動の効果に期待されてきたものとして心理治療の補助としての運動への関心が増えてきた。
① スポーツセラピー
　精神疾患の治療的補助としての効果を報告する研究がある。対象（疾患）としては、神経症、精神病・統合失調症、うつ病、情緒障害などがある。ただ、確たる位置づけがあるわけではないが、時間や費用的な面での負担のなさと、薬物治療等で見られる副作用のなさから副次的な利用や他の療法との併用がなされ、また予防に効果があるようである。
② 理療法価
　非言語的なコミュニケーションが交わされる自由な表現の場において、開放や表出といった感情の自由が認められることによる内的変化が生じたり、人間関係の改善が認められるといった可能性があるようである。身体活動によって不足している神経伝達物質が脳より分泌されることによるものと推察されている。

２．運動の心理的効果のメカニズム
(1) 情動の変化
　運動による中枢神経系の覚醒水準の変化により、緊張や興奮などの情動に変化が生ずることがあげられる。また、それによって記憶・イメージ・判断などの思考にも影響を及ぼす。一般に行動を起こす場合や適切な行動を行うには、大脳の活動レベルが一定の水準に達していなければならない。この大脳のはたらき具合、醒め具合を**覚醒水準**（arousal

level）という。運動することによってこの覚醒水準も上昇し、同時に心にも変化が生ずるのである。

(2) 新陳代謝による感情の喚起
　運動によって身体の代謝が促進し、身体組織の活性化が高まり、体内の老廃物などが発汗や血流によって排出され、新鮮な空気、栄養素を取り込むことやその過程を認識することでいっそう爽快感などが得られる。運動による体温上昇が鎮痛作用を起こすという**体温増加説**や、運動後に安静時の筋活動電位が減少することによって緊張が解放されるという**筋活動電位低減説**がある。

(3) ホルモン（神経伝達物質）の分泌
　運動によって脳内に生成させるさまざまなホルモン（ノルアドレナリン、セロトニン、ドーパミンなど）が神経系に働く伝達物質を強化するとされている。その他、**β－エンドルフィン説**は、このホルモンが、運動や痛みに伴うストレス下において下垂体前葉で生成され、鎮痛作用、麻薬のような作用があるとされている。長距離のランニング後に陶酔感、恍惚感、爽快感を感じたり、身体的に限界であるはずなのにまだ走れるといった錯覚に陥ったり、いわゆる**ランナーズ・ハイ現象**がこのホルモンの作用と推測されるのである。

3．スポーツの心理的マイナスの影響
(1) オーバートレーニング症候群
① オーバートレーニング
　人間の身体の諸器官はそれぞれ生物学的な強度を持っている。日常生活では、私たちは生物学的強度の範囲内で活動を行っているために安全が保たれているが、スポーツ活動などでその範囲を超えて身体を使った場合には、様々な問題が生じてくる。特に日常的にトレーニングを行っているスポーツ選手の場合、トレーニングの負荷と回復の過程がアンバランスになることなどによって、運動能力や競技成績が低下して容易に戻らない状態となる。このような状態をオーバートレーニングといい、さまざまな身体症状や精神症状が現れる。

② アンダートレーニング
　正常なトレーニングサイクルでは超回復の状態で次のトレーニングの刺激が加わり、連続的に筋力レベルが向上していく。筋力がしっかり回復していない内にトレーニングを行うと疲労が蓄積してオーバートレーニングになるが、超回復後に何も刺激がなかったり、トレーニング量が不十分であったりすると、筋力レベルは元の水準に戻ってしまい、トレーニングの効果が出ず、向上が見られない。このような状態をアンダートレーニングという。

③ 効果的なトレーニング
　トレーニング負荷と回復のバランスとトレーニング効果の適度な関係が求められる。負荷と回復のバランスがとれており、超回復が消失しないうちにまた次の負荷が与えら

れるというサイクルでトレーニングが行われると漸進的な能力向上が期待できる。しかし、超回復が消失してしまうほど負荷と負荷の間を長く取ったり（**アンダートレーニング**）、また回復が不十分なうちに負荷を与えたり（**オーバートレーニング**）するとトレーニング効果が期待できない。

　トレーニング効果を得るべく、より適切なトレーニング計画を立案するには、強度、回数、時間、頻度、期間といったトレーニングの条件や、意識性、全面性、個別性、漸進性、継続性、反復性といった、トレーニングの原則をよく吟味しなければならない。

　疲労は病気ではないので休養と栄養をとることによって、早く、簡単に回復できる。しかし休養を軽視し、十分な回復を待たないうちに疲労を重ねていくとオーバートレーニングの状態となり、様々な身体症状や精神状態をもたらす。オーバートレーニングを予防するためには、オーバートレーニングに関する知識が必要である。その上で選手と指導者が一体となって常に身体的・精神的コンディションを把握することが必要である。トレーニングの質や量が人間の生理的限界にどんどん近づいている現在のチャンピオンスポーツの世界ではオーバートレーニングに陥らないようなトレーニングを進めていることが、非常に重要な課題となっている。身体的・精神的コンディションを把握する方法としては、POMS（Profile of Mode Scale）などの心理テストを活用するとよい。またトレーニング日誌の中に主観的な疲労度や調子などを記入する欄を設け、トレーニングの進行具合とともに身体的精神的コンディションを把握していく指標とすることも効果的である。

(2) バーン・アウト

　バーンアウト（burn out：燃え尽き）症候群とは、長時間にわたる目標への努力が十分に報いられなかったときに生じる情緒的・身体的消耗と定義されている。スポーツ選手の場合、バーンアウトは自己認知、競技環境、また対人関係などの要因から**熱中→停滞→固執→消耗**のプロセスを経て形成されるものである（図4-1）。その症状は、精神面では、不安、抑うつ、罪悪感、感情の鈍磨、気分の変動、怒り、焦燥、他者に対する敵意または懐疑的態度、妄想などがあり、身体面では、疲労感、頭痛、消化器系・心臓血管系不調、睡眠障害、体重の減少、あるいは増加、浅い呼吸、心拍数の増加などの特徴がみられる。これは理想の高い人や、やる気のある人、責任感の強い人が陥りやすいといわれている。

〜バーン・アウトの予防と対処〜
① ストレスの軽減

　まず、環境調整によるストレスの軽減を図ることが有効である。ストレス要因として、役割の混乱や曖昧さが指摘されるが、それらには、選手個々の役割を再確認すること、そしてこれまでの目標設定の見直し、修正、それに応じた練習計画を立てることが必要となる。また、競技力の向上を主たる目的としたメンタルトレーニング、その中のリラクセーション技法やイメージ技法は、ストレス対処の技法として、また自己への気づきを高めるという意味合いからもバーンアウトの予防として有効である。

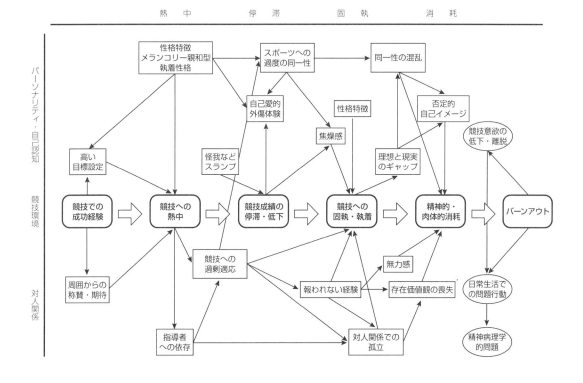

図4-1 スポーツ選手のバーンアウトのプロセスと因果連関

② ソーシャルサポート (social support)

スポーツ選手の場合のソーシャルサポートは、チームメイト、指導者、友人や家族から与えられた個人間の援助的な相互交渉である。バーンアウト傾向の強い選手では、サポート源となる他者が競技集団の内部に少なく、特に指導的サポートの満足感が低いという報告もある。

ソーシャルサポートが、選手の競技ストレスを緩和し、バーンアウトの抑制効果をもつといえるが、特に指導的サポートはスポーツ選手の場合、かえってストレス源になる場合もあるので、サポートの量ではなく、その質が重要である。

③ 臨床的接近

うつ的な症状が強いときには、専門医、カウンセラーに委ねることも必要である。バーンアウトの選手に対して、ストレスを減らすため競技から離そうとすることは容易ではない。スポーツが自己の存在基盤にまでなってしまっているために、競技を中断することは大きな不安を伴うのである。このような場合、選手の**自我同一性の再確立**に焦点を当てたカウンセリングが考えられる。バーンアウトを防止する最も大切なことは、選手が主体的にスポーツに取り組むことである。自分自身の目で見て、考え、判断することができる、幅広い視野を持った自立したスポーツ選手の育成という姿勢が重要である。

(3) パーソナリティへの影響

　トップレベルの選手の中には、精神内界は活発で、意識下での心理的なエネルギーが豊富である一方、社会的不適応を示唆する社会的内向や神経質傾向、抑うつ的傾向を高く示すことがある。結果重視の指導や風潮によって、自己中心的な性格に偏っている場合や、結果中心的な考えが横行し、「好成績＝自己の全能感」というような正しい人間性の発達をゆがめることさえある。また、失敗の連続、上達速度の遅さ、技術の未熟さ、体格のひ弱さなどが劣等感を生むこともある。

　一方、受動的、集団的にまた画一的に指導をされることによって、集団への帰属意識は高いが、自身の問題解決能力が未発達で、能動的行動意欲に欠け、批判力の水準の低い人間に固まる可能性が高くなる。したがって、パーソナリティに影響を受けやすい幼児や児童期の子供たちの対する運動の指導については、量、質ともに慎重な配慮が求められる。

(4) 心身症

　スポーツ選手の取り巻く社会的・心理的ストレスによって、病的な種々の身体症状を表すことがある。治療にはその背景となる社会心理的要因を考慮しなければならない。神経性胃炎、消化器系潰瘍、円形脱毛症、拒食・過食といった摂食障害、神経性頻尿、片頭痛などが挙げられる。原因としては、指導者との葛藤、チームメイトとの人間関係、役割・ポジションの変更、観衆・マスコミなど周囲の過剰な期待、怪我、病気、成績不振、スランプなどが挙げられる。

　また、長期のスランプによる運動部復帰不適応、心因性動作失調（イップス）、統合失調症、ロストスキルシンドローム等も心理的な不適応状態が身体的な不具合を呈する例として挙げられる。

(5) 心因性動作失調

　いわゆる**イップス**(Yips)といわれるもので、野球の投手が投球時に腕が動かなくなる、ゴルフのパッティング時に指導できなくなるなどの症状を指す。イップスとは神経系のアクシデントといわれる心理的症状である。この言葉の語源は「子犬が吠える」という意味の"Yip"であり、プロゴルファーである**トミー・アーマー**（Tommy Armour）が初めて用いたものであるといわれている。イップスはスポーツの集中すべき場面において、プレッシャーのため極度に緊張してしまい、身体がかたくなってしまい思い通りの動作が出来ないことである。またそれが原因で震えや硬直を起こしたり、普段と同じプレーが出来ず、プレー上のミスを誘発することである。イップスは競技レベルの低い選手では出てこない。

　イップスは、ゴルフのパットを始め、野球の投球や送球、テニスのスウィング、弓道などで起こる。こころの問題がこころのレベルで解決できないために体に現れることを「身体化」というが、日頃から動きを通して自分を表現している人は、身体化しやすいと言え、イップスは、心因性の動作失調の一つと位置づけられている（中込 2006）。その他の原因として、過去の失敗例、恥、非難、身体的外傷などが**トラウマ（心的外傷経験）**となり

それらが連動するなどして心的な動揺を誘発することが挙げられる。
　イップスの症状例としては、次のような例が挙げられる。
- ◆　ゴルフ…パターのとき、指先、手首、肘の周りの筋肉の硬直を起こし、簡単なパットをはずす。
- ◆　野球…3～10mのキャッチボールでもワンバウンドで投げてしまったり、あるいは暴投する死球を与えけがをさせたことで、内角の厳しいコースを投げられなくなってしまう。
- ◆　ダーツ…意識を集中することで、指先、手首、肘の周りの筋肉の硬直を起こし、投げるのさえ怖くなる。
- ◆　テニス、卓球…練習で上手く出来るサーブやスマッシュを、試合では上手く決めてやろうという意識が先に働き、筋肉の硬化が起こり、打てなくなったり、空振りしてしまう。
- ◆　トランポリン…怪我、失敗例が誘因となりそれまでできていた技に入れなかったり、類似する技に入れなかったりする（**ロスト・スキル症候群**もその一種）。
- ◆　弓道…十分に弓を引かずに早いタイミングで射ってしまう「早気」や射るタイミングになっても射ることができない「もたれ」が行射の過程で生ずる問題行動として古くから言われている。同様の問題は、アーチェリーの選手からも訴えられることがある。

　イップスの正確な原因は、個人によってその症状や原因は異なるが、「～ねばならない」「こうあるべきである」といった固定観念が強い人（自己完結型）、幼少期から評価されることに強い不安を持っている人、過剰な期待に応えるために、上手く出来なければという思いが強すぎて自身で楽しめなくなっている人、休むこと、遊ぶことの競技への影響を恐れて、心身ともにリラックスすることが苦手な人、著しい環境の変化に対応できない人、考えすぎる人に多いとされる。また、大きな失敗や挫折、大恥、外科などのトラウマなどによって技に入ることを制御してしまうとされている。
　克服法、解決法としては、心理的な窮屈さの排除、自己の振り返りのために、勝ち負けを意識せずにプレッシャーを取り除いて楽しくプレーするよう心掛けることや、心理療法（カウンセリング）、メンタルトレーニング、自律訓練法、自己コントロール、イメージトレーニングなどによってリラクゼーションをはかることや休養をとることが求められる。

(6) 運動依存、運動中毒

　スポーツが習慣化すること心身の健康を安定させるために必要な事であるが、度が過ぎた実践にまでなっている状態は決して好ましいとはいえない。スポーツを行うことがそれ以外の日常生活を侵害してしまう現象である。いわゆる依存症、中毒症状を呈する場合がある。運動していないとイライラする、落ち着かないが、運動するとスッキリする。という状態や、より強い強度の運動でないと満足しない、怪我や体調不良を無視した実践などの通常のスポーツ習慣から逸脱した特徴がある。また、何らかの理由でスポーツがで

きない時に、敵意や罪悪感などの否定的な感情が生起し心身の不調が現れるなど、心の健康のみならず日常生活全般に悪影響を及ぼすことがある。また、何らかの理由でそのスポーツが実施できない場合に、敵意や罪悪感などの否定的な感情が強く生起し心身の不調が現れ、日常生活全体に悪影響を与えてしまうことがある。いずれの場合も外見上はスポーツの強い習慣化との区別が困難で、本人も自覚しにくいことに注意が必要である。

4．フラストレーション

要求が生じる時、要求充足のための行動が起こされるが、私たちの環境にはさまざまな障害が存在しており、要求が満たされない場合が多い。この状態を**フラストレーション**（要求不満）という。スポーツの練習や試合の場面で不快な状況に陥ることもある。ひどい場合は心に傷を負ったり、心的外傷となる場合もあるが、たいがいは心的負荷をおった状態をいう。

(1) フラストレーションの定義

フラストレーションとは、何らかの原因で動機づけられた行動が妨害されている状態、特にそれによって情緒的緊張が引き起こされていることであり、動機づけとともに行動や人格を理解する上で重要な概念である。そもそも、動機づけられた行動を起こすときに何らかの障害なしで成功することは稀であり、人々は何らかの障害にぶち当たって、それによって引き起こされる心理的なストレスやコンフリクト（**葛藤**）などのフラストレーションに対応していく作業を繰り返している。フラストレーションへの対応力は、適応能力のひとつである（他には、変化に対する能力、葛藤を処理する能力がある）。この能力は、人格とともに変化し、また発達とともに変化する。フラストレーションへの反応の仕方によっては、ある年齢水準では適応とみられる行動であっても他の年齢水準では不適応とみられることもしばしばある。

よって人間は、連続的に問題に適応しながら種々の適応を学んでいくのであり、その過程は一人の社会化の立場からも一つの重要な意味を持つ。また、刻々と状況が変化するスポーツ場面においても、このフラストレーションに上手く反応できる能力が必要となる。

(2) フラストレーションを引き起こす根拠となる要因

フラストレーションに対する反応は、欲求の達成における現実と理想の不一致によって、なんらかの感情あるいは態度が無意識に発生し、その感情が意識的に認められるときにその動揺した感情を消去しようとしたり、効果的に取り扱おうとするときに反応として生じる。このような反応を引き起こす感情には主に、敵意、羞恥心、恐怖心、劣等感、罪悪感、無力感、失敗感などが挙げられる。

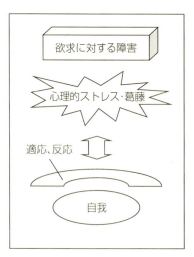

図4－2　フラストレーションの発生

① 敵意
　憎しみを持ち敵対する心。反抗心。敵意には嫌悪と怒りが伴い、目標の妨げとなるものに対して向けられる感情である。人は特定の集団に属することにより心理的には安定するが、特定集団の帰属意識が強まるにつれ対立集団及びその成員に対して対抗意識や敵意を抱くようになる。いったん敵対的な態度が形成されるとますます偏見や敵意的な態度が強くなる。

② 羞恥心
　恥じること。恥ずかしがること。普通私たちの行動の規範として考えられているものに、達することができないときに起こる。自己が中止の対象になっていることを知覚したときに生じる感情である。対人関係の中で他人に見られることを恐れたり、回避したりする形で示されることが多い。

③ 恐怖心
　怖がること。恐れる気持ち。恐怖。危険や障害を避けて、自ら守ろうとするときに生じる感情である。「恐れ」が起動されるのは、「そこでも自分が何もしなければ、自分の身に危害が及ぶ」という未来予想を含むような状況である。

④ 劣等感
　自分が他人より劣っているという感情。実際に他の人々との不都合な比較がなされるときや、そうでなくても全ての批判が自分へ向けられていると感じたり、勝利至上主義、他人との比較に敏感である人に多い。劣等感が生まれると、強い自己否定に陥り、逃避または攻撃に移ったり、過去のトラウマとして将来の行動に影響をもたらすことも少なくない。

⑤ 罪悪感
　自分が罪を犯したと思う気持ち。罪悪感が生まれると、その本人に恥を生じさせ、不完全さと限界を知らせる。

⑥ 無力感
　自分の力のなさを意識して起こる失望感。自分には何も出来ないと認めたとき、安心感を失い、自己の保全を持続することが困難となる。無能感を持つ人は、自己保全に対して必要な性質を補うために他人やある集団と同一化する傾向が高い。

⑦ 失敗感
　無能感と密接ではあるが、その違いは失敗には他の決定者があることである。劣等感や無能感から生じる。失敗感は、目的達成、欲求の充足、自己期待に対して極端に傷害的であり、適応への努力の安定化と可能性を妨害する。これらの傷害的効果に対して失敗を埋め合わせするように多くの努力が反応として現れる。

(3) フラストレーションへの反応
　フラストレーションは緊張と強い情緒が一般的であり、そのとき現れる反応には、柔軟性が欠け、頑固さ、硬さが特徴的である。また妨害とその結果である緊張は不快であり、

表4-1　様々なフラストレーションの種々の防衛反応形式

妨害される動機	愛情・社会的行動・プライドなど				
そのとき表れる感情・情緒	〈原因不明の場合〉怒り・不安・優越感を持とう			〈原因が明らかな場合〉怒り・嫉妬・憎悪・優秀でいよう	
抑制	抑制しない		部分的に抑制	完全抑制	
使用される防衛反応	①攻撃	②置換③退行	同一化、投射	⑦抑圧
		④合理化	⑥反動形成	⑧回避

苛立たしさ、困惑、怒り、憤り、嫉妬などの情緒的随伴物を生ずる傾向がある（シュナイダース）。ローゼンツァイクは、反応には①要求固執反応（need persistive reaction）－妨害された要求を満たすことに役立つ反応－、②自我防衛反応（ego-defensive reaction）－自我が危険場面に置かれたときのみ起こり、人格の統合維持のためにされる－上記2つの反応に分類した。表4-1は、一般的な日常生活におけるフラストレーションとそれに対する感情、そして種々の防衛反応形式を表したものである。

① 攻撃反応
　妨害している対象に対して直接的・間接的に攻撃を加えるような爆発的な反応をすることで緊張を解消しようとするものである。

② 置換・代償反応
　要求を阻止している本来の対象にではなく、代償的な対象へと目標をおきかえたり、目標自体を全く他の者に替えてしまうような場合をいう。

③ 退行反応
　フラストレーションの状況から逃避することにより緊張を解消するもの。行動様式のより未分化なものが現れる。

④ 固着反応
　一種の神経症的な行動である。解決不能のフラストレーション状況で反応を強制された時に、適切な弁別反応をせず、一定のものにのみ固着して反応し続ける場合をいう。このような異常固着を言う。

⑤ 抑圧反応
　ある人にとりより非常に重要な目標行動が阻止されたり、失敗したような場合に、その行動自体の存在を否定するために意識下に抑圧しようとする反応である。幼児期の外傷経験を全く記憶していないなどはその例である。

5．適応機制

　フラストレーションに陥った人間は、その緊張を解消しようと様々な行動を試みる。このような行動を起こさせる無意識の水準での心理操作を、適応機制、または、防衛機制と

いう。主な機制には次のようなものがある。
(1) 抑圧
不快な記憶や他の人には知られたくないような欲望などを意識下に抑圧して自我の安定をはかる機制。抑圧が成功すれば行動は安定するが、完全に抑圧することは難しい。また、抑圧されたものが無意識に行動に現れ、イライラと怒りっぽくなったり、落ち着きがなくなったり、弱い者いじめをしたり、憂鬱になったりすることがある。過度の抑圧は神経症傾向をひき起こすこともある。
(2) 反動形成
そのままの形で社会に承認されないような衝動や要求を抑圧している時に、それが行動に現れないよう正反対の行動を行う機制。強い憎しみを持っている人に反対に親切に振舞ったり、ある異性が好きなのに表面的には無関心を装ったり、反発的行動をしたりする例がある。
(3) 投射
自分の不安の原因になる要求や態度などを、他人の中にあると転嫁し、自分の安定を図る機制。相手をひどく憎んでいる時に、自分が相手から憎まれているように思ったりすることなどである。被害妄想もこのはたらきで起こることがある。
(4) 合理化
フラストレーション状況に対して、自分の真の動機を認めようとせず、それとは直接関係のない理屈をつけて自分の行動を正当化すること。運動場面で競争に敗れた場合、直接の原因が自分自身にあることを認めず、他のものに失敗の原因を結びつけたり、失敗を正当化しようとするのは、この例である。
(5) 置き換え
一種の代償行動で、自分の要求対象を無意識に他の無害な安定なものに置き換えて安定を保とうとするもの。ある異性への愛情が、その人の持ち物に置き換えられたりするのがこの機制にあたる。
(6) 退行
発達的に見て、より以前の段階に戻り、未熟な行動をすることをいう。弟、妹が生まれて、親の愛情を取り戻そうと幼稚な行動をしたりすることがこの例である。
(7) 昇華
性欲などの原始エネルギーに基づく要求を、より高次の社会的に承認されるような価値を持つ目標に変えて満足をえようとするもの。攻撃的衝動を、スポーツ、芸術、学問に向ける、のがこの機制にあたる。
(8) 補償作用
ある要求が阻止された時、原因を自分の能力や機能の劣等性にあると考え、それとは別の分野に目を向け、代償的満足を得ようとするもの。陸上競技で成功しなかった者が、球技や他のスポーツに転向して成功したというのはこの例である。

(9) 同一視

他人や集団の持つ行動規範や地位などを、自分のものであるかのように取り入れて、自己の価値観を高め、それに合わせて行動することをいう。子供は父母や先生と同一視したりすることが多い。

(10) 逃避

要求が阻止された時に、問題に立ち向かって解決するのではなく、その事態から逃れることによって安定を求めようとすること。仮病を使ってずる休みするなどである。また、現実世界で満たされない要求を、空想・仮想世界で満たそうという白昼夢も逃避の一種である。

6．フラストレーション反応の効果

(1) マイナスの効果

フラストレーション反応の中でも、不適応で人格形成上好ましくないと思われる反応には、攻撃的行動、退行、抑圧に加え、固執的に続けられたり、あるいは繰り返される硬い反応や自我防御反応、また混乱した行動がある。このような反応が起こると、動機の低下、活動力の質の低下、強い情緒による混乱などのマイナス効果が表れる。またフラストレーションがあると子供は怒り、直接的行動に出ようとするが、大人の場合は抑制しようとしながらも、憤りや嫉妬を表すだろう。フラストレーションが蓄積すると緊張が高まり、あるときに爆発的に開放される危険性がある。この時点では、もうすでに混乱しており、冷静で合理的な思考ができなくなるのであり、非常にマイナスの効果をもたらす。

(2) プラスの効果

従来、フラストレーション反応のマイナス的効果は注目されてきた。しかし、それが人に及ぼすプラスの効果についてはほとんど顧みられていなかった。フラストレーションは必ずしも我々にとって好ましくないもの、回避すべきものではなく、それは克服するもの、うまく生きるための転機となることとして認識すべきである。

フラストレーション反応の中でも、好ましいと思われる反応には、活動が活発となったり増大する意味での置換行動や、試行錯誤的行動、目標に達するためにされる要求固執反応がある。このような反応が起こると、フラストレーション克服による成長、欠乏や妨害を経験することによる最適条件の再認識や動機づけの増大、精神力・忍耐力の向上などのプラスの効果が表れる。スキナー(Skinner, B.F.)は餌を食べる割合を示すある曲線は、ネズミが食べることを一時的に妨げられたフラストレーション期間中に明らかに反応増大を示し、この増加の幾分かは情緒的効邑果によると思われると述べた。

(3) スポーツにおけるフラストレーションの例

では、あるスポーツ場面において考えられる様々なフラストレーションへの反応形式を例に沿って考えてみる（表4-2）。

表4-2　具体的なフラストレーションと引き起こされる反応

	例1）大事な試合に負けて監督に怒られた	例2）急にレギュラーを外された
①攻撃	・物を投げる、椅子を蹴る、暴言を吐く　・仲間を無視する ・盗みをする　・監督や仲間の悪い噂を流す	
②置換	・テレビゲームで勝利を得ようとする ・勉強で自分の欲求を満たそうとする	・下級生をいじめる　・家族に当たる ・他のスポーツでレギュラーを取ろうとする
③退行	・かんしゃくを起こす ・ワーっと泣き出す	・急に母親に甘えだす
④合理化	・負けたことを審判やピッチコンディションのせいにする（部分） ・運が悪かった　・元々無理だった	・同情を求める
〈同一化〉	・いい勉強になったと無理矢理自分を納得させる ・活躍しているプロサッカー選手に自分を見立てる	
〈投射〉	・チームメイトを非難する	・レギュラーになった選手を否定する
⑤反動形成	・極端に素直になる	
⑥抑圧	・強迫的行動をとる ・終わっても緊張状態を維持し続ける	・我慢して練習に参加する
⑦回避	・練習に出てこない ・空想にふける ・試合が恐怖になる	・競技をやめる ・レギュラーをあきらめる ・失敗を恐れるようになる

① 反応例

　目標としていた非常に重要な競技大会で負けたときを例にあげる。原因はそれぞれあるけれども監督に叱責され負けたことを認識したとき、そればその人にとってフラストレーションであり、情緒的になる。責任が自分にはないと思うとき、また相手の努力によって負かされたとき、その人が率直に感情を表すならば、「怒り」という感情が生じる。これを行動で表した場合、椅子や物を投げたり、暴言を吐くなどその場で行動を起こす。また態度として対象を監督や仲間に向け、無視したり、悪い噂を流すであろう（**攻撃**）。しかし、その人が監督、仲間を尊敬しているならば、このようなことをせずにその満たされなかった欲求をなんらかの置換動作によって収めようとする。例えば、テレビゲームという架空の世界において勝利を求めたり、勉強という全く異なる分野で成功しようとする。他方、その人が性格的に怒りを外に表さないならば、犬や猫、家族や兄弟にその怒りを移すこともある（**置換**）。また「悲しい、悔しい」という感情が生じ、それを表すならば、その人が幼い頃そうしていたようにかんしゃくを起こしたり、我慢することなく大声

で泣きわめく（**退行**）。また敗因を自分の力ではどうしようもできないもののせいにしようと言い訳をするであろう。

　例えば、審判やピッチのコンディションなどの環境のせいにしたり、運が悪かったと言う。あるいは、元々無理なことだったのだと無謀なチャレンジであったように事を済ませる（**合理化**）。また合理化の中でも、同一化しようといい勉強になったと自分を励ましたり、活躍するプロ選手や勝利を収めるプロチームと自分を重ねて勝利の喜びに浸ろうとする場合もある。逆に投射という、自分以外の人を非難することで、自分のミスや至らなさを忘れようとし他人に注意が向くことで安心を得ようとする。またその人がいくら怒りや悲しみ、憎しみの感情を持ったとしても逆に監督に対して素直になることで自分の中の不安意識を取り除こうとするかもしれない（**反動形成**）。

　しかし、完全に感情を抑制しようとするとき、抑圧行動として、試合が終わったのにも関わらず、緊張感を維持し続けてストレス状態のままでいたり、練習に出てこなくなる、試合に対して恐怖感を覚える、あるいは空想に耽るなどの回避行動をとる。このような反応は、客観的に存在するのではなく、個人の強調する事柄、性格、欲求内容や特性、状況の解釈の仕方などによって様々である。

② フラストレーション許容度

　人の能力には限界があり、全ての欲求、目標、野望を実現させることは不可能であり、またその過程で生じる緊張やストレス、フラストレーションは不可避的である。また大人へと成長するにつれて社会的存在が強まり、社会の一定のルールの中で生きていくためには即時的な欲求を先送りにしたり、抑制しなければならないこともある。しかし、このような現実に負けず、常に心の平和を維持し、精神的に健康で過ごすためには、フラストレーションを避けることよりも、受け入れて克服していく能力（**適応力**）が必要である。ローゼンツァイクは生活場面の客観的事実を歪曲することなしに、一定のフラストレーション場面に耐えることのできる能力をフラストレーション許容度と称した。一種の免疫のようなものであろう。彼によると健康な者は、全人格を通じて相対的に高い水準のフラストレーション許容度を持ち、精神病者は一般的に低水準のフラストレーション許容度を持つ人である。

　では、そのフラストレーション許容度はどのように身につければよいのだろうか。その結論は、フラストレーションを経験することである。極端に強いフラストレーションの多い環境に身を置くことでも、逆に全くフラストレーションがない環境でもない。例えば、親が我が子を守ろうと、わがままを許し続けて過保護になりすぎると、あるとき、わがままが通らない状況に陥ったとき本人はどうしてよいのか分からず不適応な状態となるであろう。この場合、好ましくない結果を招くことが多い。子供は、幼いうちから家庭、学校、社会の中である程度のフラストレーションを経験することで、いかにしてそれを克服し生活していくのかを学ぶことができるのである。

③ ひきこもり

　欲求不満や葛藤を解決するには自己の現実の環境を認識し、自己の能力の限界を自覚してかつ自主的に外界と対処しなければならない。ひきこもりはフラストレーションに対する合理的な解決手段が見つからず、無自覚的な妥協、逃避などによって緊張を解消しようとする時に陥りやすい。強い欲求不満に長時間さらされていると、人はそれにさえ耐え切れず自己の殻に閉じこもってしまう。ひきこもりは適応の困難な状況から逃避することによって不安を避けようとする逃避規制の現れであるといえる。なかでもひきこもりは逃避の傾向が強く適応困難な環境との接触を避け、他人から孤立しようとする傾向が多く見られる。この傾向が強くなると現実的環境に関心がなくなり、周囲の人々と感情的共感も失われ、自分だけの主観的な世界に安住するようになる。また、現実との接触を避け、**空想**（Fantasy）の他界で自己の欲求を満足させるような空想への逃避も見られることがある。ひきこもりが長期化すると、本人がひきこもりから脱そうとしても難しい場合が多い。

　ひきこもりに関する領域には個人・家族・社会の 3 つのシステムがある。健常な場合は、この 3 つのシステムは相互に働きかけ、なおかつ、自らの**境界**も保たれている。しかし、ひきこもりが長期化している場合には、これらの 3 つのシステムが乖離し、接点が失われた状態で安定する。ひきこもっている個人の心理状態としては、ほとんどの場合「その状態でいい」と安住しているわけでなく、むしろ「早くその状態から脱出しなくては」と焦っている。しかしこれまでの失敗や何をやってもうまくいかないことに成功するあてを失い、一歩が踏み出せない。そんな自分に対し、自信喪失・自己嫌悪などが生じさらにひきこもる。また家族は、ひきこもりの長期化を避けようと本人を叱咤激励し無理やり外に出そうとする。個人は、家族の言葉を受け入れず、個人は家族から離れる。このように家族が世間体などから、家族内で無理に解決しようとすることで、家族だけでなく社会の接点までもが失われてしまい、ますますひきこもりは強固になり負の連鎖的なスパイラルに陥り長期化していくと考えられている。

　ひきこもりの長期化を防ぐためには、上記のひきこもりシステムの悪循環を第三者の介入により断ち切ることが有効だ。その最初のステップは、家族への援助である。ひきこもりは、自ら積極的に社会との接点を持つことは無いため、周囲の人々の働きかけが必要になると考えられる。現前した家族をサポートすることで、様々な社会資源と結びつけることで家族と社会の接点を多く作る。その上で家族が本人との接点を焦らずに少しずつ作っていけるようサポートしていくとよいだろう。

第5章　スポーツ不安

1. 不安の定義と種類
2. スピルバーガーの不安特性－状態モデル
3. 不安傾向
4. スポーツにおけるあがりと不安
5. 緊張や不安を引き起こす原因
6. 不安や緊張が運動を妨害する要因
7. 不安やあがりに対する対症療法的方法
8. 不安の対応策の分類（現場、対症療法、あがらないための対策）
9. あがらない原則
10. 臨床心理学的技法の適用

ロンドン五輪での八木かなえ選手（当時スポーツ健康学科在籍）

1. 不安の定義と種類

自己の将来に起こりそうな危険や苦痛の可能性を感じて生じる不快な情動現象をいう。漠然とした不安が何かに焦点化され、対象が明確になったものを恐怖（feal）という。恐怖には特定の対象があり、可能ならばそれに立ち向かうことも側避することもできるが、不安は漠然としてはっきりとした対象物がなく曖昧なためこれに対しては不明確な危機感や無力感が生じる。実際には恐怖と不安の間には共通性・連続性があって区別しにくいといえる。

不安の症状として自覚される主なものは「こころがしめつけられる」「胸がせまる」「気分がおもくなる」などの体感である。身体症状としては、動悸、呼吸促進、血圧上昇、口の渇き、発汗、熱感、冷感、頻尿、下痢、めまいなどがあり、時にはこれらが発作的に現れる（不安発作）ことがある。不安には**特性不安と状態不安**があり、**特性不安**とは個人の性格特性としての不安傾向のこと（不安になりやすい、にくいという個人差）を指し、**状態不安**とは特別な状況に置かれたときの直前不安（今、まさにその時の状態）をいう。

2. スピルバーガーの不安特性ー状態モデル

スピルバーガー（Spielberger, C.D.）は不安状態の喚起は個人によって、危険あるいは脅威的であると知覚された外的あるいは内的な刺激によって始まる時間的順序を持つ事象の系列あるいは過程を含んでいるとして、図5-1のモデルによってそのメカニズムを説明した。外的刺激とは、あと一球でゲームセットの場面、ボールなら負けというピッチャーへの心理的ストレス。観客の期待、失敗への叱責など、外界からの刺激をいい、内的刺激とは、あと一球でゲームセットの場面、ボールなら負けというところで、ピッチャー

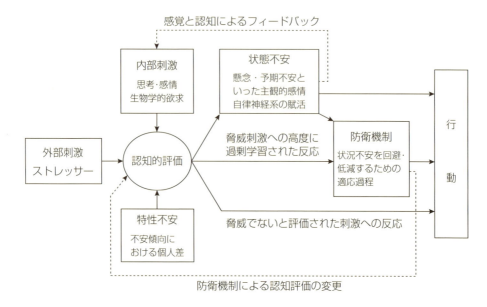

図5－1　スピルバーガーの状態・特性不安モデル

自身が発する「まけるかも」「もうだめだ」という言葉、感情、心拍数の増加などの生理的な内的な刺激をさしている。

3．不安傾向

　不安傾向とは、恐れや不安を持ちやすい性質のことで、低い自尊心や自信のなさ、強い罪の意識、心配性、新しい刺激を避けるなどの特徴をもつパーソナリティである。これは動機づけとして働く環境刺激に対する敏感さの個人差と関連をもつパーソナリティのひとつである。**ヤーキーズドットソンの法則**（後述）に当てはめて考えた場合、不安傾向の高い人は、動機づけの水準が高いとパフォーマンスが低下してしまう。

(1) 失敗の不安

　不安は来るべきストレスに対する体と心の自然な反応である。多くの人は失敗を恐れるあまり、ストレスによって過剰なマイナスの作用を受ける。失敗を恐れすぎることなく、さらに、不安のサインや症状を知っておき、それを自然な反応だと認めることが必要である。「失敗は成功への鍵」といった逆転の発想を持つことが望ましい。

(2) 成功に対する不安

　成功することによって降りかかる自分に対する評価を恐れる不安である。成功回避動機に導かれる。うまくできる、成功する、他者よりも上手にできることなどによって自分の地位、階級が上がるのを嫌ったり、自分が周りとの間で浮く、仲間外れになる、目立つことを避けたいと意識し、そのように辞退になることを不安視し行動にバイアスがかかるのである。

4．スポーツにおけるあがりと不安

　試合の直前や試合中に経験する「あがり」や「しびれ」より少し広い領域の心理学的問題を「スポーツ不安」という。スポーツの試合中や試合の前に緊張したり、イライラしたり、時には下痢といったことが例としてあげられる。

　人は不安を感じると緊張したり、神経質になったりといった精神的覚醒状態になり、心配、懸念などの不愉快な思考がめぐったり、覚醒にともなう生理的変化が生じたりする。スポーツ不安は、このような心理・生理的反応がスポーツの試合を前にして生起する状態をいう。

　中程度の不安では、緊張、結果への懸念、少々イライラした感情が起こるが、強い不安のもとでは、思考がまとまらなかったり、行動に混乱が起こってくる。

　このような状態になった時の心身の反応（症候）として市村は、「**生理的症候**」として①のどが詰まったような感じになる　②胸がどきどきする　③心拍が速くなる　④血圧が上昇する　⑤呼吸が浅く速くなる　⑥口の中が渇く　⑦手のひらなどが汗ばむ　⑧小便をしたくなる　⑨頭が熱くなる　⑩声がつまる　⑪顔面がこわばる、などをあげている。いずれも自律神経における**交感神経の緊張**によるものが主である。一方、顔面がほ照るな

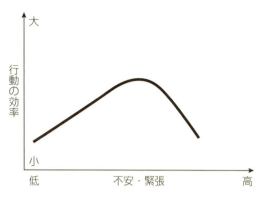

図5-2　逆U字曲線

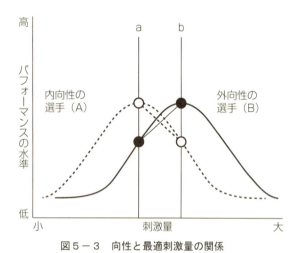

図5-3　向性と最適刺激量の関係

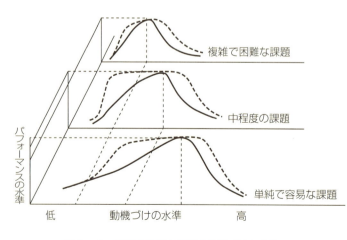

図5-4　課題の性質と最適の動機づけの水準

ど交感神経の緊張では解釈できない症候が現れることもある。

次に「**心理的症候**」として、①注意力が散漫になる、②落ち着こうとしてかえってあせる、といった**心の緊張力の低下**や、③失敗しはしないかと不安になったり、④落ち着いていられないといった**不安感情**や、⑤相手が落ち着いて見えるとか、⑥劣等感にとらわれるといった**劣等感情**などの心理的症候が現れることがある。

その他の症候として①手足が思うように動かない　②体があまりいうことを利かない　③不必要な動作に力が入る　④動きがギクシャクする　⑤力む　⑥いつものリズムが崩れて速くなるといった**運動技能の混乱**といった症候が現れることもある。

(1) スポーツ不安と成績

不安や緊張はスポーツの成績に影響を及ぼすが、その関係は直線的な関係ではない。中程度の緊張の時に行動の能率や成績は良くなり（最適水準）、その前後の緊張の過不足状況では低下している（図5-2）。この関係を「逆U字関係」という（Yakees-Dotson Low=inverted U curve）。

良い成績を出すことができた（ピークパフォーマンス）時の心の状態は、注意が集中し、軽い緊張や興奮を感じ、一心不乱で、ワクワクとした感じのようである。これに対し、この適度な緊張状態に至らず、成績も低い状態を「さがり」という。気分がのらない、のまれる、注

意散漫、萎縮する、あきらめ、おじけづき、なげやり、意気消沈といった感情状態である。また、過緊張、過興奮による悪い成績の場合を「あがり」という。この関係は、横軸に「動機づけの程度(やる気)の大小」や「心のエネルギーの大小」としても同様の解釈が可能である。この曲線の形状は、選手個人の性格の違い(図5-3)や、求められる課題の質が複雑か単純で容易な課題であるかによって(図5-4)、あるいは選手がやる気で課題に取り組んでいるか不安などのマイナス要素が多くてプレーしているか(図5-5)によっても異なる。また、スポーツ種目の中でも発揮するスポーツ技術は様々であり、そのスキルをプレーするのに最適な覚醒水準があるとされている(表5-1)。

(2) スポーツ場面における不安

競技者は試合を行うとき、自分で意識するとしないにかかわらず、自己の内外からいろいろな心理的刺激(ストレッサー)をうける。そしてその刺激に対してさまざまな情動が生まれる(競技不安)。**緊張、不安が及ぼすパフォーマンスへの影響**があり、緊張や不安がパフォーマンスに対して、プラスに働くのか、マイナスに働くのかといった論議はいくつかの理論をもとに行われているが、未だ最終的な結論には至っていない。一般的には、中程度の緊張状態のときに最大のパフォーマンスが発揮されるという**逆U字仮説**が支持されている。

5．緊張や不安を引き起こす原因
(1) 状況要因

大会の重要性：一般的に大会の重要性が増せば増すほどストレスは大きくなる。
不確定性：同じレベルの戦いで勝敗がどちらになるか分からない時など。

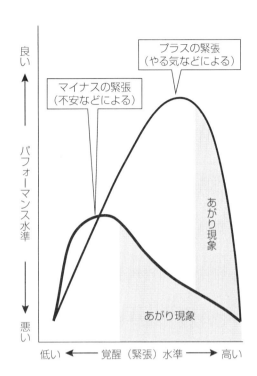

図5-5　緊張の評価と「あがり」現象

表5-1　各種スポーツ種目に最適な覚醒水準

覚醒水準		スポーツ技術
#5	非常に高い	ラグビーのタックル アメフトのブロッキング 重量挙げ・中距離走　など
#4	やや高い	走り幅跳び・砲丸投げ 短・長距離走・水泳競技 柔道・レスリング　など
#3	中程度	バスケットボールの諸技術 ボクシングの諸技術 サッカー・バレーの諸技術 体操競技・高跳び　など
#2	やや低い	野球の投球と打撃・剣道 フェンシング・テニス 飛び込み　など
#1	非常に低い	アーチェリー・ゴルフ ラグビー・サッカーのPG フィギアスケート　など

第1部 スポーツ心理学

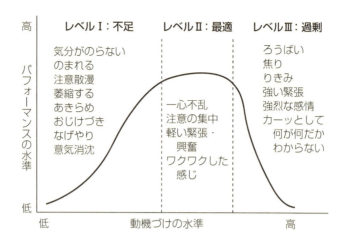

図5-6 動機づけの程度とパフォーマンスの水準の一般的関係ならびにその時に見られる心理状態

(2) パーソナリティー要因

特性不安：特性不安の高い人は競技場面をより脅威的に知覚する。具体的には以下のような人物像があげられる。
・心配性、神経質、ノイローゼ気味などのいわゆる神経質的傾向の強い人
・空想的で過敏な主観的傾向の強い人
・恥ずかしがり、社会的接触を避ける傾向の強い社会的内向性の強い人

自尊感情：自尊感情の低い人は自信に欠け状態不安になりやすい。

社会的体格不安：体格を評価されるような時に社会的・体格不安が高い人は体力評価時によりストレスを感じ、自身の身体について否定的に考えやすい。

6. 不安や緊張が運動を妨害する要因

生理学的には、過度の緊張で脳の神経細胞がどこも活発にはたらいてしまうために、筋肉にリラックスすべきところと緊張すべきところを区別し、かつ適切な行動指令が下せなくなってしまうと説明している。

一方、心理学的には、状況の認知の仕方がプレーの遂行にマイナス的に行われて、注意の配分に混乱が生ずることによるものであると説明している。

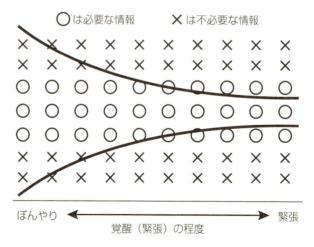

図5-7 緊張状態による注意の幅の変化

表5−2　不安の対応策の分類

1. 身体的対応策	(1) 身体的リラクセーション	準備運動、筋肉のリラクセーション、マッサージ、手・足・顔を叩く
	(2) 技術の練習	基礎技術や不安な技術を練習する
2. 精神的対応策	(3) アクティベーション	気合を入れたり・声を出して気を引き締める、ベストをつくせばよい・ぶつかるだけと考える
	(4) 自己暗示	絶対負けない・自分は強い・自分はやれると暗示にかける
	(5) 精神的リラクセーション	負けてもともと・気楽に楽しくやればよいと考える・勝敗にこだわらない
	(6) 競技のイメージづくり	得意なパターン・作戦・以前よかった場面・勝つためのイメージを描く
	(7) 精神集中	目を閉じ心を落ちつけ、精神を集中する
	(8) 呼吸の調整	呼吸を整える、呼吸に集中する、大きく深呼吸する
3. 物理的・環境的対応策	(9) 興奮を静める	水を飲む、本を読んだり音楽を聴く、顔を洗う、トイレに行く
	(10) 他者依存	監督・コーチにすべてをまかせる・気合を入れてもらう
	(11) 積極的対話	積極的に友人と話をしたり、意識的に陽気にふるまう
	(12) 環境を変える	1人になる、空や天井を見る
	(13) 縁起をかつぐ	お守りを身につける、縁起をかつぐ

　あがりが起こる原因としては、周りの期待、大事な試合、自身不足、過去のあがりの失敗、不安、不安な自分の再認知などがあげられるが、その状況（試合）をどういうものと考えているか（認知の仕方）に大きく依存している。マイナス的な思考が自分にますますプレッシャーをかけ、あがっていくのである。人が一定時間に使用できる注意力の資源には限界がある（第2章参照）。あがった場合、不安な状態では失敗することなどに大事な注意力が奪われ、肝心の今実行しなければならない課題への注意がおろそかになり、プレーに必要な手がかりや情報を見落としているのである。

7．不安やあがりに対する対症療法的方法

　あがらないようにするためには、その場でできる対応策としての対症療法的方法とそのような事態に陥らないために日頃から心の準備やトレーニングとしてのメンタルトレーニングが考えられる。メンタルトレーニングについては第3部で述べるのでここでは前者の方法について考えていく。

　あがりはきわめて個人内の問題ではあるが、非常に身近で切実な克服しなければならない問題である。そのため多様な対処法が使われている。かなり個人的なものから共通性の高いものまでさまざまである。自分にあった方法を探し出すうえでも各種の方法を知ることは大切である。表5-2に、大学の運動選手が実際に行っているスポーツ場面にお

ける不安の対策の分類を示した。

　実際あがってしまったときには、その場でリラックスし、自分の最も良い状態を思い出し、それをイメージ化、試合に臨む。そのためには、日頃の心理的トレーニングを取り入れて練習する必要がある。

　その他で少数意見ではあるが自由記述報告として以下のような報告があった。

　【手を温める、失うものは何もない、水分をとらない、試合終了をイメージする、ジンクス通りに、ネガティブな事を言わない、視覚・聴覚をさえぎる、アップをしない、基本を見直す、ロゴを見て集中する、欠伸をする、間をとる、我を通しマイペース、半眼にして視野を狭める、全然緊張していないと言う、簡単な技術レベルに下げる、凛とする、あがっていることを覚られないようにする、暗示放尿、フッと息を吐く、負けをイメージする】など、いずれも防衛的な対症療法の一種としての行動である。

8．不安の対応策の分類（現場、対症療法、あがらないための対策）

(1) 情動コントロール技法

　試合における情動のコントロール法は緊張の度合いによって変わる。逆U字仮説より不安は過緊張の時に現れることから、焦り、不安、力み、過緊張、カッとする（あがり）、などといった状態をリラクセーション技法で落ち着かせる必要がある。逆に緊張がなさすぎる場合、例えば気分がのらない、萎縮する、あきらめ、などといった状態（さがり）ではサイキングアップによって気分を高めていく必要がある。以下に技法の説明を記す。

① リラクセーション技法
・腹式呼吸法：吐くときに呼気のときよりも心拍数が減少するという生理的効果を利用し交感神経から副交感神経の働きへと切り替える自律神経系の調節を意識的に行う。
・漸進的筋弛緩法：筋弛緩の部位を次第に広げていき最終的に全身がリラックスできるようにする。

② サイキングアップ技法
・短く早い呼吸を繰り返す
・簡単な身体運動を繰り返す
・自分の気持ちを高揚させる事柄に思考を向ける
・積極的な独り言を言う
・最終目標を思い起こす
・その他、刺激を与える、大声をあげる、アップビートな音擬を聴く‥など

9．あがらない原則

　試合会場、競技会場、演技会場といった自分を試す場面においての現場的対症療法的な対応策ではなく、そのような場面であがらないよう事前に準備したりすることも大切である。

(1) 試合の場に慣れる

　はじめての経験は誰にとっても不安や緊張を引き起こすものである。そのために競技者は日ごろの練習の中で、試合のときに予想される状況を設定（シミュレーション）して事前に経験する。シーズンはじめの練習試合はそのよい例といえる。すべてを実際に経験しておくことは不可能であるため、イメージによる経験が重要視されている。そのときに大切なことは、競技者が心理的にどれだけ"なりきれるか"である。

(2) 技能に熟達する

　自信のあるもの、得意とするものをやるとき、あがることは比較的少ない。また習熟度の不十分な技術は、心理的なストレスにより崩壊されやすい。一般に覚醒水準とパフォーマンスの間には、逆U字曲線の関係が認められることが実験的に証明されている。つまり学習の効率やパフォーマンスが高くなるためには、適度な緊張が要求されている。そこではさらに、熟練度が増すことによって課題の遂行にとって最適な覚醒水準の幅が広がることが明らかにされている。

(3) 心構え（積極的思考、論理的思考）

　予期不安に代表されるように、"あがったらどうしよう"と考えるとあがることが多い。われわれは心の中で思うと本当にそうなることがある。口でいうほどたやすいことではないが、望ましい状況を思い描くとそれに見合った行為がもたらされることを期待できる。プレッシャーのかかった状況を乗り越えるためには、有効な心理状態を準備する必要がある。たとえば、バッターボックスにはいった打者は、「空振りしないぞ」よりも「ボールを芯でとらえるぞ」と自分に語りかけたほうがよい。"失敗したら困る、失敗・ミスをしないためには"といった考えよりも、"どうしたらうまくできるか"と考える心構えが大切である。失敗に気をとられ、防止することに意識をはたらかせるのは積極的思考とはいえない。

　次に、"ねばならない、べきである"といった must で代表される要求・命令・絶対的思い込みは、プレッシャーをさらに引き起こすことにつながっていく。「自分は勝たねばならない、もし失敗したらチームメイトからの評価が下がる」などである。状況あるいは競技者によっては、このような絶対的な考え方（must）を捨て、もっと楽に、柔軟な現実的で論理的な考え方があがり防止に役立つことがある。

(4) 自己理解

　問題行動の原因に心理的側面がかかわっている場合、注意深く観察すると"不自然さ"や"法則性"を認められることが多い。練習ではできるのに試合で競うとできない。ここ一番、大切な場面で決まってミスをするなどである。そして競技者や指導者がその原因に気づいていないことが多い。試合後、その日の不成績に対して、「あがってしまったから仕方がない」と振り返るだけでは問題の解決にはならない。また競技者に指導者側が、「気にするな、精神的に弱い、根性がない」と対応している状況からも解決の手がかりは得られない。先に述べたあがりの徴候やその心理的背景について深く検討すべきである。問

題の正確な把握によって、あがりをコントロールするための具体的な情報提供がなされることになる。

(5) 自己統制力の強化

あがりの行動特徴には不安・緊張が関係している。自律訓練法をはじめとする自己コントロール技法が不安・緊張の低減に役立つ。これらの臨床心理学的な技法は、日ごろから継続して学ぶことが必要である。また特殊な技法を活用することから、若干の専門的指導を受けねばならない。

10. 臨床心理学的技法の適用

すでに紹介した競技者の用いている対応策は、専門的な技法と対応していたり、また理論的な説明の可能なものもある。以下で述べる技法は、それらをさらに体系化し、科学的にその実効が裏づけられ、普遍性の高いものと位置づけられる。技法の詳細はそれぞれの専門書を参考にしていただくことになる。またそれらの実施にあたっては、専門家のスーパーバイズが必要となる。

(1) リラクセーション技法

あがりの主要な徴候としては、心身の緊張に対する自己コントロールが大きく関係している。したがって、リラクセーション技法は、適応範囲の広い技法と考えられる。心理的・身体的リラクセーションを得る手段によって次のような技法がある。

① 催眠弛緩法
② 自律訓練法　公式言語、四肢重感、四肢温感、低い覚醒状態（自己催眠）、消去動作、漸進的弛緩法
③ 心身の相関、末端から中心へ
④ 呼吸調整法　吐く時間を長く、腹式呼吸

また最近では、バイオフィードバックの適用によるリラクセーショントレーニングも効果をあげている（GSR法＝微弱電流が光と音に変換されて提示され現状を把握しイメージトレーニング）。

(2) イメージリハーサル技法

イメージには、動機づけ機能、行動誘導機能、行動形成機能、そして行動修正機能がある（江川、1989）。スポーツ場面では、運動技能の学習の効率をあげるだけでなく、イメージリハーサルを活用することによって心理的な問題への対処能力を高めることができる。ピークパフォーマンス状態をイメージするだけでなく、自身のあがっている姿や苦手とする場面を詳細にイメージすることもある。後者においては、イメージをとおして不安・緊張感を生じさせ、上述のリラクセーション技法との組み合せによりその解消をはかる。この技法の有効性は、描かれるイメージの質に大きく左右される。したがって、鮮明性、統御可能性、現実感などの高いイメージ（体験的イメージ、能動的イメージ）でなければ大きな効果は期待できない。

(3) カウンセリング技法

　ここでは、カウンセラーと競技者の間で言語を媒体とした相談・面接の形式による、狭義にとらえたカウンセリングである。競技者があがりでかなり悩んでいるようならば、カウンセラーはその者の緊張・不安・心理的動揺などを支持したり、それらの感情を受容することから介入していかなければならない。心理的に不安定な状態では自己の問題を客観視できない。そしてあがりの原因が状況や自己に対する特異な認知（過度な評価不安、自信の欠如、高い要求水準ほか）である場合。カウンセリングによって自己洞察を深めることが有効となる。

　代表的な技法を3つ紹介した。このほか暗示法、催眠法、動作訓練法などが適用される場合もある。いずれも、あがりを解消しようとするいわば対症療法的な適用だけでなく、心理面の強化として日ごろからトレーニングの一貫として位置づけが可能である。このほうがより大きな効果が生み出されるはずである。また実際の適用にあたっては、種々の技法の組み合せが行われる。

〜どうしてもあがる競技者への対応について〜

　他科の疾患と同様に、心理的問題を抱えた者に対しても正確な診断（心理的アセスメント）から始めなければならない。とくに心理的問題の場合、競技者自身が、現象だけでなくその原因についても理解する必要がある。問題の克服や治療にとって有効な方法が明らかとなるだけでなく、そのこと自体がすでに治療となっているからである。また、その後の心理トレーニングや治療では、改善が身体面ほどに自覚されにくいことを特徴としている。このようなことからトレーニングや治療を中断する例が多く、継続がなされるよう動機づけに工夫がなされねばならない。

　なお、最近はスポーツの競技力向上を目的とした種々のメンタルトレーニング技法が開発されている。そしてわが国においても、この方面の専門家（スポーツカウンセラー、メンタルトレーナー）が養成されつつある。スポーツの「あがり」に対してもさらに的確な対応がなされていくものと期待される。

第6章　スポーツとパーソナリティ

1. 性格
2. スポーツ選手の性格特性
3. 態度

全日本大学野球選手権大会 2010　1回戦
金沢学院大学　対　大阪学院大学（明治神宮球場）

1．性格

人には身体的にも、精神的にもそれぞれ特徴があり、ものの考え方や、喜怒哀楽の方法まで異なっている。その特徴そのものが個性であり、その個人差を説明するために、性格、人格という用語で表現される。

性格は一般的にパーソナリティ（personality）と称される。オールポート（Allport, G. W）によると、パーソナリティとは「個人に内在して、環境に対する独自の適応を決定する精神身体的体系の動的組織」と定義している。性格は遺伝と環境の2つの要因が相互に関連しあって形成されていく。性格がもっている構造を明らかにする方法として、類型論、特性論、構造論等の考え方がある。

(1) 類型論

人間をある一定の法則に基づいていくつかの典型的な類型を決め、それによって性格を分類する試みである。パーソナリティの質に着目した議論である。

① クレッチマー（Kretschmer, E.）の体格に基づく類型論

精神分裂病と躁うつ病と体格の間にある関係を見出した。体格は細身型（精神分裂病患者）、肥満型（躁うつ病患者）、闘士型、発育異常型、の4つに分けた。

精神分裂病は細身型に多く現れ、躁うつ病患者は肥満型が多いことを明らかにした。また、体型と性格傾向の気質に関連を見出した。分裂気質なのは細身型で、生真面目、物静か、用心深い、内閉的傾向がみられる。躁うつ気質は肥満型で、社交性に富み、親切、現実的であるが、うつ状態と躁状態が交互に現れる。てんかん気質は闘士型で、粘り強く、几帳面、義理堅く、融通性に乏しいが、粘着性が強い。そして興奮すると爆発的な攻撃性を示すことがある。

② シェルドン（Scheldon, W. H.）の体型による類型論

体格と気質の関係を示し、内胚葉型（内臓緊張型）、中胚葉型（身体緊張型）、外胚葉型（神経緊張型）とした。

内胚葉型—内胚葉から形成される消化器系の内臓がよく発達している。

内臓緊張型（享楽的で社交性に富む、他人の承認を求め依存的 r=.79）。

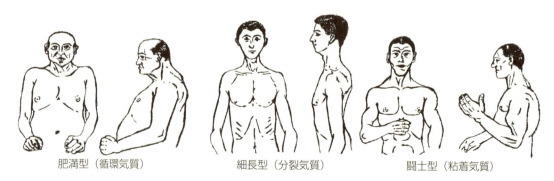

肥満型（循環気質）　　細長型（分裂気質）　　闘士型（粘着気質）

図6－1　体格と気質（性格）

中胚葉型―中胚葉から形成される筋肉や骨格、
　血管などが発達している。
　身体緊張型(精神的で自己主張が強い r=.82)
外胚葉型―外胚葉から形成される感覚器官、皮
　膚、神経組織が発達している。
　神経緊張型(神経質で抑制的 r=.83)
③　ユング(Jung, C.G.)の向性による類型論
　一般的な心的エネルギーが自分の外界の客観的世界に向かう傾向の人を外向性(extroversion)、反対に内的な主観の世界に向かう傾向のある人を内向性(introversion)と呼び、それぞれに性格的な特徴を指摘した。さらに思考、感情、感覚、直感という心理機能と掛け合わせて六つの特殊な類型を決定した(外向的思考型、内向的感覚型など)。

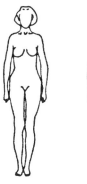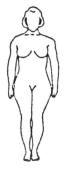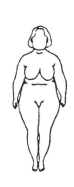

　　外胚葉型　　中胚葉型　　内胚葉型

図6－2　肺葉型による身体分類

内向性―心的エネルギーが内面に向かっている。自分自身に関心、抑制的、非社交的。
外向性―外部に関心が向いている。外界の事象に積極的、社交的。

(2) 特性論

　すべての人に共通に持たれている特徴であり、行動として現れる社交性、神経質等の特性の組み合わせによってパーソナリティーを明らかにしようとした。特性論はこれらの個々の特性を量的に測定し、同一尺度上に図示してパーソナリティープロフィールとして表すのが一般的である。

① オールポート (Allport, G.W.)

　個人に固有の個人特性(心理的生物的基礎)と、一般的な意味での特性である共通特性に特性を分け、個人の行動様式を示す単語を整理・分類し、個人のプロフィールを描けるようにした。

例　心理的生物的基礎
　　健康―不健康、活力―活力に乏しい、情緒広い―狭い、など
　　共通特性　支配的―服従的、外向的―内向的、理論的―非論理的、など

② キャッテル (Cattell, R.B.)

　因子分析法という統計法を用いて、個人の固有の独自性と多くの人が共有する共通特性を考えだし、13の根源特性を抽出した。

　回帰性―分裂性、高知能―低知能、自我の強さ―一般感情、支配性―服従性、衝動性―抑制性、冒険性―臆病性、繊細性―堅労制、利己主義―協調性、懐疑的―受容的、浪漫性―現実性、巧妙性―純心性、罪悪性―明朗性、興奮性―道徳性

③ ギルフォード (Guilford, J.P.)

　因子分析法によって12の特性を抽出し、性格検査を作成した。

社会的内向、思考的内向、抑うつ性、回帰性傾向、のんきさ、一般的活動性、支配性、劣等感、神経質、客観性欠如、攻撃性、協調性欠如。

④ 性格検査

質問紙法：質問項目の応答パターンの分析により性格を判定する。

谷田部・ギルフォード性格検査、モズレー性格検査（MPI：Mausley Personality Inventory）、ミネソタ多面人格目録（MMPI：Minnesota Multiphasic Personality Inventory）、CMI（Cornnel Medical Index）などがある。

作業検査法：単純な連続計算作業量のプロフィールから精神異常者と正常者に違いがあることからその傾向分析をして性格を予測する。

内田・クレペリン精神作業検査（Kraepelin, E.）の研究に基づき内田勇三郎が完成させた。

投影法：あいまいな図版に対する反応から傾向分析をしたり、自由な物語の作成過程から人格の力動的な機制を判断しようとするもの。ロールシャッハ・テスト（Rorschach, H.）、主題統覚検査（TAT：Thematic Apperception Test）、絵画欲求不満テスト（PF-Study：Picture Frustration Study）、文章完成法（STC：Sentence Completion Test）などがある。

(3) 構造論

フロイト（Freud, S.）の精神分析論。人間行動の決定には、意識の外にある無意識の深層領域が大きく影響するという考えをもとにして、パーソナリティーを考えた。意識的なものと、意識下のもの（前意識と無意識）という新しい概念を導入し、意識下のものを解明することによって人間理解につながると考えた。心はイド（本能衝動）、自我（知性）、超自我（良心の理想）の3領域から成立するとしている。

2．スポーツ選手の性格特性

(1) スポーツマン的性格

「ある特定のスポーツを続けていると、そのスポーツ生活が環境的要因として大きな意味をもつことから、スポーツに適した性格が形成されていくのではないか」といわれている（勝部篤美）。いわゆるスポーツマンの性格特徴は、一般的に、明朗活発、積極的、忍耐力・根性があるといわれている。しかしながら、このような性格の人がスポーツをしていると反論もある。

「一流選手の性格特徴」（船越 1979）

ⅰ 社会性…社交に自信を持つ、協調的、思いやりがあり、暖かく、好人物
ⅱ 支配性…攻撃的で自己主張と男性傾向が強く、自信家
ⅲ 外向性…外向的、衝動的、非養成的で、よく笑い、よく目立つ
ⅳ 自己概念…人間についての高い価値観をもち、自尊、自愛、自負、自信、自己主張が強い

ⅴ慣習尊重…保守、体制的、良心的、責任感が強い
ⅵ精神的強さ…身体ばかりでなく精神的にもタフ、強情、ときに無情・冷酷、失敗にくじけず、叱責に強い
ⅶ情緒安定…欲求不満に対して耐性が強く、くよくよしないとされるが、その逆もある

　中込らは「**優れた選手に共通する心理要因**」としてロールシャッハ反応を手がかりに選手のパーソナリティ特徴について検討している。そこでは、一般成人と比較して、競争意欲ならびに要求水準の高さを指摘している(1989)。これは、喜び、楽しみ、健康を目的としたレクリエーショナルなスポーツと異なり、競技スポーツでは記録の向上や勝利を強く要求されており、典型的な達成指向型の状況であることを裏付けている。また、観念活動の固さや対象従属性が高いといった特徴をあげている。競技スポーツの多くが集団・チームを形成し活動する中で、集団のモラールを高めるために「自己否定の体験」がもたらされ適応していこうとする場合の観念の固定化や従属性が顕著にみられるのである。ただ、そのような自己のアイデンティティを押し付けることができたり、することも豊富な心のエネルギーの存在の裏付けであるようである。

(2) 青年期とスポーツ

　競技スポーツの主役は青年期年代にある者たちである。青年期は「子どもから大人への過渡期である」とされる。と同時にこの時期はモラトリアム年代ともいえる。モラトリアムは、成人社会への準備のために、社会の側から青年に許された期間(猶予期間)を意味している。「生き方・価値観」「職業決定」などを通じて「自分つくり」あるいは自己確立を中心的発達課題としている。**エリクソン**（Erikson,E,H）が青年期の心理社会的発達課題としてアイデンティティ（ego identity）形成に注目したが、この時期の運動部活動における様々な経験がアイデンティティ形成に影響を及ぼしていると推測される（第8章参照）。

(3) 「生き方」を学ぶ場としてのスポーツ経験

　競技スポーツの経験は、チームメイトや指導者との関係失調、競技成績の不調(スランプ)、運動継続の迷い、怪我といった**危機**（crisis）事象を経験する。競技生活からの引退もこの危機と言えるが、これらの危機様態に対しての対処行動の選択や取り組みは、自己の発見であり、アイデンティティの確立や再体制化、パーソナリティの発達に様々な影響を及ぼすとともに心理面のスキルも高めている。

　目標設定、時間管理、リラクゼーションなどのスキルはスポーツ場面だけではなく日常生活面にも応用可能であり、危機様態の受容も日常生活場面への転化、汎化されうるものである。

(4) 性格特性と運動パフォーマンスの関係

　スポーツ種目やポジションの違いと性格特性には何らかの関係があるようである。正確さを要求される場合には、主観的で、控え目な性格(内向的)の選手には極度に緊張させ

表6−1　アイゼンクの外向性と内向性のパーソナリティ

外向性の性格	内向性の性格
高い緊張度のときによいパフォーマンスを発揮する	低い緊張度のときによいパフォーマンスを発揮する
力強い動きを必要とする大筋活動に適している	細かい正確な動き（技）を必要とする小筋活動に適している
スピードを志向する	正確さを志向する
個人内変動が大きい（成績・記録は不安定）	個人内変動が小さい（成績・記録は比較的安定）
社会的に動機づけられやすい（名誉や賞に敏感である）	達成動機が高い（名誉や賞より完全さを追求しようとする）
1つのことを繰り返して練習することは苦手で、いろいろと試しながら早く先へ進めようとする（らせん階段方式）	自分が納得できるまで、1つのことを徹底的に練習し、段階を踏みながら進めようとする（積み上げ方式）
人が見ていてくれた方が練習に気が乗ってやりやすく、公開練習を好む	人が見ていると練習がやりにくく、どちらかというと秘密練習を好む

ないことが必要である。その他の種目の場合では、極度の正確さを要求されない場合、社交的で開放的な性格(外交的)の選手には、緊張を高めさせることが良いとされている。

　アイゼンクの外向性と内向性理論によると、選手の向性の違いによって実力の発揮の仕方が異なるとしている。

(5) スポーツ選手のための心理的テスト

　スポーツ選手の競技に関する心理テストとして、体協競技意欲テスト（TSMI：Taikyo Sport Motivation Inventry）、心理的競技能力診断検査（DIPCA：Diagnostic Inventory of Psychological Competitive Ability for Athletes）がある。

　不安テストとして状態・特性不安検査（STAI：Stait Trait Anxiety Inventory；Spielberger, C.D. 1989）、不安競技特性テスト（SCAT：Sport Competition Anxiety Test）気分を調べるとしてプロフィール検査(POMS：Profile of Mood States)がある。

3．態度
(1) 態度とは

　態度とは、「経験によってつくられた精神的・神経的な準備状態であり、全ての対象及び自体に対して、個人がどのように反応するかについて、指示的、力動的な影響を与えるものである」（Allport, G, W.）。つまり、ある対象や状況に対して行動(反応)を起こそうとする行動への構えを態度ということができる。スポーツに対する態度には運動能力との関係や勝敗といったスポーツ経験によって形成され、変容していく性質をもっている。

一度形成されると長期的に持続し、感情を伴っていくことが多い。スポーツマンシップの醸成、スポーツに対する態度の変容などスポーツ指導に欠かせない問題が多く含まれている。

(2) スポーツに対する態度

「運動経験を通して形成される楽しさや喜び、運動への価値意識、運動への志向性や行動などの反応傾向であり、個人が運動をどのように感じ、どのように判断し、どのように行動するかを決定する傾向である」とされている。スポーツに対する意識や感情が態度に発展していくことを関係者や指導者は心しなければならない。

(3) スポーツマンシップ

スポーツマンシップとは、スポーツにおいて社会的に望ましい価値の一つで、マナー・エチケットを総称するが、対戦相手、審判、応援者を含めた**尊敬**（respect）が考え方の底辺にある。表6-2にスポーツマンシップに関するアンケートの上位10項目を示した。スポーツをするうえで当たり前の行為や態度とルール・マナーに反する行為や態度である。

(4) スポーツによる態度変容

一般に積極的・行動的態度、忠誠的態度、責任感、協力的態度、忍耐、自己統制等が運動によって形成されるとしている。スポーツは個人のみで実施されることは極めてまれで、何かしらの社会的関係が求められる。したがって、所属するスポーツ集団から種々の関係が大きく影響をうける。スポーツを介しての社会的相互作用である。

身体運動の中での「楽しさ」の経験がスポーツに対する興味・魅力となり、積極的な態度を形成（変容）させていく。また、美容や健康の増進に運動が大きく貢献するという科学的理解によって、スポーツに対する好意的な感情が高まり積極的な態度を形成していく。

スポーツ好き＝スポーツに積極的な態度が形成されるだけでない。スポーツには単調

表6-2　スポーツマンシップに関する上位項目

スポーツマンシップにのっとった行為	スポーツマンシップに反する行為
1　チームワークを大切にする	1　相手にたのんで勝たせてもらう
2　全力を尽くす	2　やじった人に乱暴する
3　正々堂々と戦う	3　規則を守らない
4　最後まで戦う	4　チームワークを乱す
5　試合前後のあいさつをきちんとする	5　審制の判定に従わない
6　約束の時間を守る	6　自分の失敗を他人のせいにする
7　施設・用具を大切に扱う	7　自分の反則を他人になすりつける
8　審判の判定に従う	8　わざと反則する
9　勝ったとき、味方の協力に感謝をする	9　負けたとき終了の挨拶をきちんとしない
10　ふざけないでまじめにプレーする	10　負けたとき審判のせいにする

(小・中・高・大　1836名、測定項目　107、評定　5段階)

な練習、きつく辛い練習が伴うものである。また、試合で失敗することによって恥ずかしい思いや辛い仕打ちを受けることもある。しかしながら、それらを克服することによって栄光や新の楽しさなどの得難い経験ができるということも事実である。

　一方、技能が一向に上達しなかったり、喜びの体験が不足するなどによって運動嫌いになる可能性もある（体育嫌いの項参照）。

　スポーツに対する好意的な態度を育成していくためには、ある目標に挑戦したり、進歩・向上のために努力することによる充実感や満足感を味わうことや、興味あるスポーツに接しながら集団で活動することによって運動する楽しさを体得していくなどが大切になる。人はこころを動かされることによって行動にうつり、それが態度として現れるのである。

第7章　運動学習の過程

1．運動学習とは何か
2．運動学習の段階
3．運動学習の転移
4．運動学習理論
5．運動学習の方法
6．運動の学習指導法
7．運動学習と動機づけ

スキーフリー滑走・井筒（栂池高原スキー場・丸山ゲレンデにて）

1. 運動学習とは何か
(1) 定義

今まで「できなかった」運動が、練習や経験とともに上達して「できる」ようになっていく過程のことである。視覚情報、聴覚情報、触覚・筋感覚情報等を総合的に利用して、正確な身体の動かし方を得ていこうとする練習・体験の過程である。運動学習は、「練習もしくは経験による運動パフォーマンスの変化から推測される比較的永続的な内的変化の過程（猪俣 1987）」と定義される。すなわち、運動学習とは、繰り返される試行の結果もたらされる変化であり、運動技能の習得、洗練、安定、実行可能性を含む変化として特徴づけられる。

そもそも、私たちが経験を通して身に付けたものは すべて学習である。人間の行動の多くの部分は、学習によって作られるのである。だから、学習のメカニズムを知ることは、人間を理解するうえでとても大切である。

人間の大きな特徴のひとつは、多様に変化する環境に合わせて行動を変容し、経験から学習したことを記憶しそれを積み重ね、次の何らかの機会に役立てていこうとすることである。失敗した経験は次からは行わなくなり、成功した経験は次の機会にも繰り返すのである。ある環境に適応せず、間違った行動をとり続けることは自らの生存を危うくする。これを避けるためには異なった行動をしなければならない。学習とはこのように経験によって「行動」や「認知」が変化することである。行動や認知は子供から大人に成長すること、疲労によっても変化する。それらの原因で行動が変化することは学習ではない。経験によって行動が変わることを学習というのである。

(2) 運動学習の過程

運動課題の学習過程の様子は、得点に表わすと同時にグラフ化されることが多い。学習指標として成功の数（正答数）、失敗の数（誤反応数）、課題遂行に要する時間（反応時間）などが、計測されその成績はパフォーマンスとよばれている。

パフォーマンスは一時的、短期的な種々の要因によって変動する。例えばやる気があるかないか、賞罰の有無とか、観客の有無、多少であるとか、それらをどのように認知するといった内因的、外因的要素が絡んでくる。これに対し学習は一時的なパフォーマンスより中期的、長期的に見た運動の変化である。

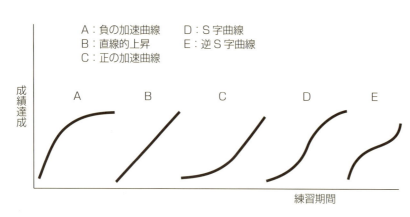

図7−1　学習曲線の5つの型

運動技能は練習によって習得され、その過程は課題や学習者の特質、練習の条件によって多様な変化を示す。この学習の時系列的経過と達成の程度を曲線にして表したものが学習曲線（図7-1）である。Ａ＝負の加速曲線　Ｂ＝直線的上昇　Ｃ＝正の加速曲線　Ｄ＝Ｓ字曲線　Ｅ＝逆Ｓ字曲線　が代表的な型である。

スポーツ技能の学習では比較的長期にわたる場合、ＡやＣ加速的な曲線やＢの直線型の複合的なＤやＥのＳ字を描くことが多い。学習の進行が最初に著しく次第に限界に達するような場合には負の加速度曲線となり、最初になかなか上達しないが、要領がわかると急速に上達するような場合は正の加速度曲線となる。多くの場合には両者の特徴を合わせ持つＳ字形曲線をとる。

学習過程は常に進歩のパターンが表れるとは限らず、いくら練習を積み重ねていても全く進歩が見られない経験をすることがある。この学習の過程の中で進歩が停滞した状態を**高原・プラトー（plateau）**という。

プラトーはさまざまな原因によって生起する。興味・動機づけの低下、動きの適切でない部分への意識の集中、疲労、身体的コンディショニングの不適切さ、低い欲求水準、教示の誤解、新しいフォーム作りにおける適応の失敗、練習時間、練習のマンネリ化、学習の移行期間、悪い癖の固着などが挙げられ、単独の作用というよりも複合して作用することが多いと考えられる。プラトーの克服には、休息や異なったタイプの運動の練習などが効果的である。プラトー前後の成績の進歩は一般に急速である。

スポーツを長期間続けていると、以前のような記録が出せなかったり、パフォーマンスが低下したりすることがある。プラトーは学習曲線を見た場合停滞であるのに対し、**スランプ（slump）**は学習曲線がそれまでより明らかに低下してしまう。このような現象が、スランプと呼ばれてきた。プラトーが比較的練習の初期に見られるの対して、スランプは後期に現われる。スランプの原因も、複雑な原因間の相互作用によるものと考えられている。

２．運動学習の段階

運動が上手になっていくプロセスを**マイネル（Meinel,K）**は「**運動学習の位相論**」としてまとめている。それによるとそのプロセスは一般に、３つの特徴的な段階を通過するとしている。

　段階Ａ　運動の粗形態の発生と定着
　段階Ｂ　運動の精形態の発生と定着
　段階Ｃ　運動の自動化

新しい運動は何度か練習することによって、まずとても粗削りな形でできるようになる（粗形態の発生）。その後練習を重ねるにつれて安定度が少しずつ増し、運動の精度が高まり精形態の（定着）、自動化へと進んでいくというのである。

(1) 知る（なんとなくわかる）段階

　段階 A の粗形態の発生というのは運動を学習しはじめてからの段階である。実際の学習場面では、新しい運動の情報提供が必ずなされる。それは指導者の手本であったり、ビデオや連続写真を見せて解説がつく場合が多い。指導を受ける側には新しく練習しようとする運動についての全体的イメージが浮かぶことになる。イメージの明瞭さは不鮮明ながら「なんとなくわかった、知った」段階に達する。この新しい運動に対するイメージが描かれることで、次の「わかる」段階に進む。

(2) やりながらわかる段階

　大まかなイメージが描けるようになったところで実際に体を動かすわけであるが、そこにおいて多くの試行錯誤が展開される。偶然的に成功することもあるが、実際の体験を通してさまざまな情報を獲得しながらこの「やりながらわかる」段階で少しずつ運動についてのイメージがリアルで鮮明なものとなってくる。

(3) できた（粗形態の発生と定着）段階

　繰り返し練習していくうちに「**できた**」という時がやってくる。まぐれでできた段階である。運動の強調レベルでは荒っぽく、けっして格好のいいものではないが、とにかくできたことには違いがないという段階である。まぐれでもできるとやる気は増す。このできた喜びがその後の練習を進めていくうえでとても大きな力になる。まぐれの回数が増えていくことで、「**らしく**」なりそれなりの動きがともなうが、「**かっこよく**」とはならない。フォームはまだ粗っぽく、上級者と比較すると欠点が多いがそれなりにプレーができるのでそこで留まってしまう場合が多く見られる。この期間が長く続くと、欠点を欠点として認めることがないばかりか欠点がフォームの中で固定化される危険性が高い。

(4) 精形態の発生

　欠点の修正し運動になめらかさとリズムやタイミング、正確さ、そして運動そのもののまとまりを求めて、より高いレベルをめざして練習を続けていくと、ある日急にタイムが上がったり、突然に体の動きが軽く心地よくなりフォームも美しくなったといわれる時が来る。これが上級者の入り口である「**精形態の発生**」段階に到達した瞬間である。体全体の動きは、なめらかで、安定し、すばやく、リズムもある。運動を始めた最初のまぐれの一発とは質の違う質の高いものである。

(5) 精形態の定着と自動化

　運動が高い精度の形態に突入したことに留まらず、さらに練習を重ねることでレベルアップした動きがいつでもできる状態にすることが大切である。極端な欠点はなくなっており、精神的な気持ちの張りを持続することが求められる。「**実力**」がついたのである。最終段階の「**自動化**」の段階は、最高レベルの究極の美しさを放つ姿である。きわめて合目的的に、経済的に無駄のない運動を無意識のうちに遂行できるレベルである。動きの全てが自動化されているのである。あらゆる状況に自在に対応できる、プレッシャーにも負けない、ほとんど「悟りの境地」といっても過言ではないであろう。いわゆる「**達人**」の

世界である。

3. 運動学習の転移
(1) プラスの転移
　前学習が後学習を促進することをいい、バレーボールのオーバーヘッドのサービス技術がテニスのオーバーヘッドのサービスの要領をつかむような例がある。
(2) マイナスの転移
　前学習が後学習を妨害することをいい、左側通行に慣れた日本人が右側通行で混乱するような場合や、硬式テニス経験者がソフトテニスを上手くできないような場合をいう。
(3) 両側性の転移
　身体の片側の器官での学習が反対側の器官に転移することを指し。非利き手・非利き足の練習によって利き手・利き足の器用さの向上に役立つ場合である。
(4) レミニッセンス効果
　集中的な課題練習の後に休憩をとり、その後再び課題を練習した時の最初のパフォーマンスが、休憩前の最終思考を上回る現象である。効果的な休憩の取り方は、初期運動学習にとって有効である。

4. 運動学習理論
(1) 情報処理モデル
　人間を一種の情報処理システムとみなす情報処理モデルをとりいれた理論である。外界からの必要な情報を取り入れ（**入力**）、記憶として持っている情報を利用しながら処理し、運動行動として**出力**する自動制御システムとして人間をとらえるのである（図7-2）。
① フィードバック制御（feedback control）
　出力を再び入力の側にもどしてやり、それを情報として次の出力を調整するという制御の仕組みをいうフィードバック制御という（図7-3）。反応結果を入力側にフィードバックし、得られた結果と目標値が比較され、比較された偏差がプラスの場合を正のフィードバック、マイナスの場合を負のフィードバックという。

　フィードバック機能が運動学習の中で重要な機能を果たすことは、運動の「繰り返し」練習で説明される。すなわち、繰り返しの過程で目的となる運動と結果としての反応を反省的に検討することによって、現実の運動を制御しなければ、組織化された運動をうまく

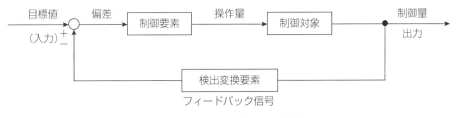

図7-2　フィードバック制御系

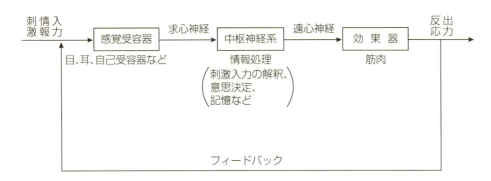

図7-3　行動のフィードバック制御系

形成することができないことを意味している。それゆえ、フィードバック(閉回路系)が重要なのである。このフィードバックという語は、結果の知識、強化、報酬、動機づけといった類似の概念に置き換えることができる。

　情報を受容する感覚様式の違いによって内的フィードバックと外的フィードバックに分類される。内的フィードバックとは、自己受容器から受け取るフィードバックである。筋運動感覚的フィードバックのことで、筋や部位の位置とそのずれを内的に受容する。外的フィードバックとは、視・聴・触などの外部刺激によって刺激された、それぞれの感覚器から受け取るフィードバックである。身体や部位の位置を見ての視覚的、言葉や音を聞いての聴覚的、動作後の結果についての情報による知識的フィードバックがある。

② **フィードフォワード制御（feedfoward control）**

　フィードバックでは、刺激を受けてからそれを解釈し、行動をどうするかという意思決定をしてから筋肉に指令が出されて運動が開始される。この間の時間的経過が避けられない。ボール運動では、高速に移動するボールを打ったり捕えたりする場合、目でボールの位置をとらえ、情報処理をしてから身体を動かし始めたのでは遅すぎる。身体が動いた時には、ボールはもっと先に飛んでしまっているのである。手足だけの遅れならまだしも、全身を移動させる必要がある場合には、このタイミングの遅れはさらに大きなものとなる。

　この遅れをなくすには、運動の開始前に、どのように身体を動かすのかのパターンを決めて先まわりして運動を開始しておくことが必要になる。つまり、ボールが適切な位置に達した時に行動を開始するのではなく、その位置にボールが来るはずだという**予測**を立て、先まわりしてバットやラケットをだすというかたちが必要なのである。このように、フィードバックを利用しないで、前もって決定されている一定の順序で一連の運動を実行するという運動の仕組みをフィードフォワード制御、あるいは**開回路系**という。フィードフォワードによる運動の実行が可能になるためには、運動実行の計画があらかじめ準備されていなければならない。

　フィードフォワード制御は、フィードバックに比べて速いスピードで、しかも予測に基

づき効率よく運動が実行できるという利点を持つ。ボールのコースを読み、素早く落下点に先まわりすることで余裕を持ってボールを処理することができるのである。さらに、運動の開始さえ決意すれば、あとはプログラムができあがっているので自動的に運動が実行されるという利点もある。自動的に運動が遂行されるために、フィードバックで必要な運動遂行の過程に払う注意の量に比べて、遥かに少ない量で十分である。その分相手の弱点を見抜いたり、作戦のことを考えたりすることに注意を向けることができるのである。

フィードフォワード制御の弱点は、状況の変化に対応した運動の修正がすぐにできないことである。予測できないイレギュラーバウンド、直球と読んだ時に変化球への対応や、相手との駆け引きの中での戦略としてフェイントをかけるのは、こうしたフィードフォワード制御の弱点を突いたものである。

③ 運動制御

フィードバック制御とフィードフォワード制御は、私たちが実際のスポーツ運動を遂行する時に、同時に使用しているものである。両者は互いに対立するのではなく、両方が上手く補い合いうまく使い分けられることによって、高度で効率よい運動遂行が可能になるのである。運動練習の初期制御が成立する。そして、フィードフォワード制御が可能になったのちも、運動の遂行に際しては、常にフィードバックを用いてチェック・修正が行われるというのが、私たちの運動制御のやり方であると考えられている。

④ 運動学習の理論

以上のようなサイバネティックな運動学習のモデルから正確な運動感覚情報の提示の仕方によって2つの代表的理論が提示されている。

1　アダムスの閉回路理論

1971年にアダムス(Adams)は「どんな運動なのか」という視覚的イメージを記憶痕跡、「どんな感じの運動なのか」という運動感覚イメージを知覚痕跡とよび、閉回路理論を提唱した。

2　シュミットのスキーマ理論

運動を学習していく上で莫大な記憶痕跡と知覚痕跡が必要となり、微妙な違いの動きにもそれぞれ必要となった時に、人間の記憶や知覚の容量の限界についてシュミットは疑問を投げかけた。そして、彼は、広範囲にわたる運動に応用できる理論として「**スキーマ**」という概念によってその問題を解決しようとした。「スキーマ」とは、さまざまなイメージを生みだすはたらきをするもので、数学の公式（y=ax+b　etc）のようなもので、「a」の値がどのように変わっても、それに対応する「y」が導き出されるように、スキーマに種々の情報を挿入すると、答えとして必要となるイメージが創出されるのである。

例えば、「投げる」というスキーマ、「打つ」というスキーマ、「蹴る」というスキーマというように、スキーマが存在すれば、公式を少し変化させることによってさまざまな運動に対応できるというのである。

5．運動学習の方法
(1) 基本的問題
① 指導者と学習者の関わりあい

　座学が中心の教科と異なり、運動の学習場面では、指導者と学習者は肌の触れあいや、示範による観察学習などによる人間的コミュニケーションを介して行われる。ゆえに、そこにおける対人関係は身体の動き、表情、目の動きなどの非言語的コミュニケーションによって展開されることが多い。

　運動の場では、それらの相互作用によって自我の殻が破られたり、日頃では見られなかった個性や能力が見出されるなどの発見の場ともなる。その意味で運動の指導を通した人間形成の基礎・基盤となることを指導者は意識を常に自覚することが重要である。

② 学習指導の形態（学習者の組織、形態）
1．一斉指導…全体を学習集団としてひとまとめにする。同一内容とする。
2．班別指導…管理上の理由（施設・用具、ゲームの成立）等質又は異質のいくつかの班に分けて実施する。
3．グループ指導…グループで学習。協力による学習の促進、集団内の役割分担など社会的行動が形成され促進される。
4．個別指導…集団の中で、ついていけないなど問題を抱えた学習者の進度や状況に応じた指導である。

(2) 実践的方法
① 集中法と分散法

　練習の配分の仕方によって分けられた練習法。練習の間の休憩の有無によって分ける。運動の種類、分散の仕方、練習時間、休憩の長さ、学習者の状態などの条件を考慮して組み合わせることが望ましい。一般に分散法の方が効果があるという知見が多い。

　運動学習においては、初歩の間や技能が低い段階では、分散法による休憩を含む練習方法が効果があり、技能が高度になり熟練を必要とする段階では、集中法による技術練習が有効になる。集中法（集中練習）とは、相対的に試行間の休憩が少ない方法である。たとえば、ある課題が30秒の試行を持っているなら集中練習では5秒の休憩を取るか、または休憩なしで行うことを指す。他方、分散練習はよりいっそう休憩を必要とする。試行と同程度の休息をとることにする（この場合は30秒程度の休憩を必要とする）。集中法と分習法を分ける明確な境界線はない。

◇集中法と分散法の効果

　分散練習は、課題が困難なとき、身体的疲労が残るようなとき、同じ反応を繰り返すような興味の持続が保てないようなとき有効である。しかし、課題への動機づけが高い場合には、集中練習のほうが効果的である。一方、集中練習では、一般に反応への固定化が現れやすい。特に学習過程に生じた誤りが固定する場合もあり、分散練習では、その正しくない反応を解消したり、修正したりすることができる。

集中練習では、忘却の機会がほとんどもてない。忘却は具体的な練習効果を明示し、次の課題を判断させるのに役立つ。また、保持効果においても分散練習が支持されている。しかし、あまり長い休息は、保持効果をなくし、完全な忘却となって、次の試行を全く新しいものとさせるだろう。

分散、集中練習とも、レミニッセンス現象が認められる。特に、分散練習では、反応に対する禁止傾向としての反応性禁止を防ぐことができる。

② 全習法と分習法

全習法(whole method)とは練習の一連の過程をひとまとめにして練習する方法である。学習課題は一般に様々な分割単位の問題によって分けられるが、部分練習を行わず、全体を何回も繰り返し学習していく。全習法部分練習を行わず、何回も繰り返して学習していくのが全習法である。例として、バスケットボールを学習する際、ゲームを行うことにより技術を習得するような場合である。

分習法（part method）とは全体をいくつかの部分に区切って、その一つ一つを別々に練習する方法である。全体を個々の部分に区切り、各部分を練習して完成させ、それらを積み重ねて、最後に全体としての学習をする方法が分習法である。分習法には、純粋なものと、部分を途中でまとめる漸進的方法と、新しい部分を既に学習したものにくわえて繰り返していく反復的な方法がある。例としては、バスケットボールを学習する際、様々な基礎練習を行うことにより技術を習得する方法である。

学習の初歩の段階では分習法が効果があり、熟練するにつれて全習法が効果があるといわれている。課題の質でみると、複雑なものは分習法が、単純なものには全習方が効果がある。全習法では多くの時間と労力が必要とされる。

全習法と分習法の有効性

どちらが有効であるかは一概には言えないが、全習法・分習法の有効性に関連する運動課題の性質としては課題の複雑性と組織度が挙げられ、**複雑性**とは運動を構成する要素の数のごとである。テニスであれゲームを全体と捉えれば、サービスもグランドストローク、ボレー、スマッシュなどが要素であり、サービスを全体と捉えれば、構えもトス、スウィングなどが要素となり、当然ゲームを全体ととらえた場面の方が複雑性は高くなる。**組織度**とは要素間の結びつきの強さのことで相互依存性と呼ばれることもある。組織度が高いと考えられるものに、テニスのサービスの両手の動きや平泳ぎの手と足の動き；走り幅跳びの助走と踏み切り；走り幅跳びの助走と踏み切り、踏み切りと空中姿勢などのように、同時に並行して行われている運動や両者が時間的に非常に短時間で結びつき瞬間的に行われる運動である。

以上のことから、全習法が適した運動は同時に行われている左右の手や手と足の運動・打球運動のように短時間で瞬間的に行われる運動が挙げられる。一方、分習法が適した運動は、多くの要素で構成されており遂行に比較的長時間を要する運動で、しかも要素間の相互依存性が小さい運動、例えばラジオ体操や組体操が挙げられる。

(3) 運動学習指導の展開
① 言語による指導
運動技能を学習していく過程で、言語の果たす役割は極めて重要である。指導の手がかりとして言語的教示が多く用いられている。

1）運動技術の説明としての言語教示
運動を教える場合、実行しようとする動きや目標とする動きについて言語で指導者は説明する。この言語による運動技術の説明を言語教示という。運動技術の効果的な実施方法を客観的にできるだけ正確に言語で表現して学習者に伝えるのである。

2）動きのイメージを引き出す言語
比喩：目標とする動きを学習者にとって慣れ親しんだ他のよく似た動きで"～のように"と表現する。

擬声語・擬態語：「ポーンと蹴る」などのように、動きを感覚的に描写する言葉で表現する。オノマトペによって指導や情報伝達に有効な手段といえる。

リズムをとる言葉：動きのリズムを言葉で表す。

3）言語的フィードバック
運動の結果に対してのフィードバックを言語で行う場合に、動きの成否やズレなどについて誤差情報を的確に運動者に伝え修正していく**修正機能**がある一方、正情報によって有能感が高まって内発的に強く動機づけられていく**促進機能**がある。

4）運動の言語化
自分が行っている運動を言語で表現することを運動の言語化という。自分が行っている運動を言葉で表現しようとすると、必然的に、どのように運動しようとしているのか、そこでの注意力、分析力が運動のイメージづくりを促進させ、それが明確になることによって運動学習が促進される。

実行すべく運動を自分に言葉で言い聞かせることを自己教示といい、これによっても運動学習は促進される。これらの言語化能力は指導においてより効果的に発揮されるためスポーツ語彙力の向上は競技者のみならず指導者にも強く求められる。

② 視覚的な指導
1）視覚的な提示－効果的な示範の行い方
視覚的な指導の代表的なものは運動を実際にやって見せるという方法であり、示範とかデモンストレーションといわれる。そのほか、ビデオ、写真、イラスト、図解、鏡などを利用することもある。バンデュラ (Bandura, A) は、両親の行動を毎日みることで、子どもはその行動を学習していく様子を「モデリング」と呼び、運動技能の指導過程においてもこのモデリングの効果が示範にはある。示範が効果を示すには学習者が関心を示すことや、学習者の技術水準に適応していることや、その示範の回数、動作のポイントの指摘等が求められる。示範を行う時に注意すべき点としては以下の点があげられる。

- どこを見るかをはっきり指摘する
- よく見える位置から見せる
- 速い動きはゆっくりやってみせる
- 見にくい動きは誇張して見せる
- 良くない動きと対比して見せる
- 身近なモデルを見せる
- 1回ではなく何回か見せる

見たことを覚えておく記憶過程を保持課程という。見てすぐ練習する場合は問題ないが、次に練習するまでに時間的な幅がある場合には、記憶にとどめておくための要素の言語化や視覚化などが必要とされる。見たことを実際に行動として実行するのが運動再生過程である。まさに運動学習過程であり、見た動きに近づけるべく再生していく。そこにおいて、結果の知識情報（正誤）や褒める、激励、などの動機づけ過程が作用することによって学習が促進されていく。

2）視覚的フィードバック

視覚的フィードバックは学習者が行った動きを視覚的に提示し、目標とする動きとの誤差を検出して修正するように練習するというかたちで利用される。ビデオはその代表的な手段であるが、目標提示ではなくあくまでフィードバックとして使用する。

　　ビデオの効果的利用法
- どこを見るかを明確に指摘して見せる
- 継続的に使用する
- 動機づけ効果を利用する（撮られている意識＝集中状態を利用する）

その他の方法として、動きを誇張したりする**形態模写**（ものまね）や**大鏡**を利用することなどが効果的である。

③　筋運動感覚的指導

1）反応強制法（指導者による手引指導）

指導者が学習者の身体や手足を持って動かして指導する方法であるが、学習者にとって受身的で筋運動感覚が備わらず、効果が薄いとされる。しかし、動きの流れをつかむには初心者指導には有効である。水泳平泳ぎの掻き足、ラケットのインパクト指導など。

2）身体拘束法

物理的制限法とも呼ばれ、学習者に不適切な動きをさせないように、**運動の方向や範囲を物理的に制限する**方法である。補助輪鉄棒やマット運動で補助具を使うなどが挙げられる。

3）補助

危険や恐怖心が伴う体操や器械運動では、よくつかわれる。怪我の防止だけでなく、反応強制法や身体拘束法をミックスした筋運動感覚的な指導である。体操では幇助とい

第1部 スポーツ心理学

う。
④ メンタルプラクティス

　メンタルプラクテイスは、運動技能を獲得するための練習方法の1つで、観察可能な身体練習をすることなく、課題遂行のイメージを想起して練習する方法である。イメージトレーニング・イメージリハーサル・内在的リハーサル法と同一の練習方法をメンタルプラクティスと呼んでいる。主として運動に伴う視覚的、運動感覚的なイメージを想起し、運動の概念化がなされる。

　メンタルプラクテイスとは、運動技能を習得する、すなわち実力そのものを向上させるための練習法である。これに対しメンタルトレーニングとは、すでに習得して持っている実力を最大限に発揮することを目的とした心理的な練習法である。これはプレー中の覚醒水準をコントロールする能力を高めることによって達成される。また、このメンタルトレーニングをイメージを利用して行うものが、イメージトレーニングである。メンタルプラクテイスとイメージトレーニングは同じイメージを利用する練習法であるが、その目的、習得される能力が異なるので、両者を区別して考える必要がある。

　したがって、運動技能学習においてイメージを想起して練習する方法について用いる場合は、メンタルプラクティスという用語が最適であり、運動技能学習と心理的コンディショニングを含めて言う場合にはイメージトレーニングという用語が最適だということである。

　メンタルプラクティスの効果が大きいのは、運動体力がほとんど関与しない課題（例：ペグボード、迷路学習）、技能的な課題（例：サッカーのドリブル、ゴルフのショット）であり筋力、持久性といったエネルギー形の体力、すなわち運動体力がパフォーマンスを大きく規定する運動（例：立ち幅跳び、シフトアップ）は効果が皆無に近い。

　身体をほとんど動かさずに運動している字様態を頭の中で想像 image することによって行う技術練習をいう。運動技能を高める運動学習である。すでに習得して持っている実力を最大限に発揮することを目的にしたトレーニングはメンタルトレーニングである。このメンタルトレーニングにおいてイメージを利用するのがイメージトレーニングである。

　メンタルプラクティスとイメージトレーニングは同じイメージを利用するが、その目的、修得される能力、メカニズム、効果的な実施方法は異なる。

　効果的なメンタルプラクティスの方法
　　・自分が運動している能動的なイメージを思い浮かべる
　　・身体練習と組み合わせて交互に行うようにする
　　・リラックスしてイメージ想起に集中できるようにする
　　・1回のイメージ想起は5分以内とする
　　・体を動かさないという特徴をうまく利用する

6．運動の学習指導法

指導の場において、指導者の態度や言葉かけは、プレーヤーや学習者のやる気、意欲と密接に関係している。興味を深めたり意欲を高める場合もあれば、拒絶反応を起こしたり、運動自体を嫌いになることもある。やる気を喚起し持続させるための効果的な態度や言葉かけについていくつかあげられる。

(1) 態度

「～はダメだ」というような一方的・強要的態度よりは「～はどうだろう」といったプレーヤー受容的態度で、相互作用の中から打開策などを模索していく指導をする。このような指導は、相互関係を高め、思考・感情・課題遂行意識などを把握するとともにそれらを促し、自分の成長や長所を認識し、欠点の自発的な修正を喚起させていく効果がある。

(2) 表現

「ボールばっかり見るな」といった否定的・禁止的表現ではなく、「状況を広く見よう」といった肯定的・積極的表現を活用する。悪いプレーを指摘するより、理想とされるプレーを提示することで、修正、向上を狙う。

(3) 感情・観念・意識

「must, never」などの義務的感情や脅迫観念を植え付けるより、「can, possible」といった可能性の追求や達成可能の意識を与えるような表現が有効な方策である。また、運動者自身の思考にフィードバック機能を持たせるために、結果の知識を適切に提示し5W 2H (When, Who, What, Why, Where, How to, How mach)を活用して「自分で考える楽しさ」を導き出す。

7．運動学習と動機づけ

(1) 動機づけの種類と働き

スポーツを続ける、練習を毎日する、何のためにスポーツをするか、という問題に着目した時、スポーツに対する動機が、外発的なものか内発的なものかに区別することができる。

外発的動機づけの場合与えられる報酬が途絶えることによって継続性がなくなるのに対し、内発的動機づけの場合は活動自体が誘因になっているため運動の継続性が長いと報告されている。

動機づけには、行動を起こさせる、行動を一定の目標に導く、目標に到達した時に行動を強化させるといった3機能があり、スポーツと非常に強い関係を持っている。（第3章参照）

これらの機能は、スポーツ活動への参加、技能・能力の向上、ピークパフォーマンスの発揮の仕方、などの観点から運動パフォーマンスに大きな影響を与えている。

(2) 動機づけとパフォーマンス

低い動機づけのまま運動すると、持てる力の十分な発揮がなされず、その効率は低い。

動機づけがたかまるにつれて学習の効率や成績は向上していく。しかし、ある一定水準以上に動機づけが強まり過剰なレベルになると、逆に効率も成績も低下する。すなわち、最も良い学習の効率や成績が得られる動機づけの水準は、中程度の動機づけのところにありそうである。この関係はスポーツ不安の程度と成績（第5章の逆U字曲線）と同様である。

(3) やる気を阻害する要因
① 不安・失敗回避と課題の困難度
　運動に対する不安が先行すると失敗回避の動機が生じたりするため、学習者の人格特性には特に配慮が必要である。また課題の困難度や目標の設定基準にも工夫する必要がある。やる気の高さと不安の関係を見ると、不安傾向の高い人は低不安傾向の人に比べやさしい課題では高い成績をあげるが、難しい課題では低い。なお、不安には性格傾向としての不安の程度（不安）と設定された状況において生起する不安（状態不安）がある。指導の場面では、どちらの影響を強く受けているかを考慮したうえで、不安の要因の除去に努める必要がある。

② 成功回避と人格特性
　成功することから逃れたいという成功回避動機（成功恐怖）という問題も存在する。「挑戦してみよう」「やってみよう」と内心では思っていても、「生意気すぎる」「でしゃばって見える」「目立ちたくない」などといった周囲の目を気にすることで、「成功したくない」といった感情に変化することがある。また、一生懸命にやることに対し、「はりきりすぎ」「くさい」とか、「しらけムード」「さめること」を肯定的にとらえる風潮や、摩擦回避（争いごとを避ける）や対人関係回避の傾向が見られることもある。このような場合、心を開き、ありのままの自分を示す自己開示できる雰囲気作りにつとめる必要がある。また、引っ込み思案の性格などとも関連性があるので、人格特性に目をむけて対応することも大切である。

③ 学習性無力感（第3章スポーツに対する動機　運動嫌いの項参照）
　学習意欲があっても失敗経験の連続や、成功の経験がなく、なぜ失敗するのかわからない、失敗の原因が全て自分の能力不足にあると思うと、徐々にやる気は失せていく。また、指導者の不用意な発言によっても同様なことが生じてくる。このように運動を継続していくことに絶望していくことを学習性無力感という。運動学習においては反復練習が不可欠であるが、単調な練習の繰り返しによっても生ずることがある。

④ 原因帰属
　運動・スポーツを行った成功や失敗といった結果の原因が何にあるかを認知することを原因帰属という。その原因の如何によって、次の行動へと動機づけられたり、回避したりしていく。原因としては、一般に自己の能力、自己の努力、課題の難易度・運という4つの主要因が挙げられる。内因要因への帰属というのは、その原因が自分自身にあると考える場合で、外的要因への帰属は、自分以外にあると考える場合である。固定的要因とは

原因が不変的なものと考え、変動的要因とは原因が変化するものであると考える場合である（第3章参照）。

(4) 動機づけを高める方法

動機づけとは、人になんらかの行動をおこさせ、その行動を一定の目標に方向づける過程を意味する。スポーツの練習や運動の学習においていくつかの方法をあげる。

① スポーツを練習する意義・価値を認識する

練習する本人にとっての価値体系の中でのスポーツとその練習がどう位置づけられているかによって動機づけは異なる。スポーツにはつらい練習、苦しい練習に耐えなければならない時もある。やすきに流れずスポーツの効用や必要性なども含めスポーツの位置づけを本人の中で築いていくことが大切である。

② 達成可能な目標の設定と練習内容の具体化

目標は運動の方向と到達点を示すものであり、本人の行動を方向づける働きがある。目標やそれを達成するための練習方法を具体的に示すことが必要である。目標は、遠い目標と中間的なもの、さらに目前の具体的目標というように、長期にわたる目標と現実目標が必要である。目標は現在の状態との関係で決めなければならない。高すぎても低すぎても意欲は高まらない。目標が具体的で「できるかもしれない」と考えられる程度の高さの目標を持ったときに、その課題に対して意欲的になり成績も上がるとされている。練習内容も、それが明確であれば練習意欲は高められ、その計画は作成においても自ら参加することで自我関与が高まり実行意欲が高められる。

③ 成功と失敗のバランスをとる

成功や失敗は、個人が設定した目標や期待の高さである要求水準と密接な関係がある。一般的には、得られた結果が要求水準をうわまわっている場合には成功したという快感情を生み、次の目標への原動力になる。しかし、成功ばかりでは新鮮味がなくなり単調になって動機づけは下がる。一方要求水準に達しないと失敗したという不快な感情を持ち、失敗ばかりを経験すると自信がなくなり劣等感情を助長し動機づけは下がる。ただし、失敗しても、もう少しの努力で克服できると感じたり、なにくそ、と感じることは反発的・克服的動機づけとなるため、そのバランスをいかにとるかが重要である。また、失敗の原因を、自分の能力ではなく努力不足に帰属させることも有効である。

④ 行動の結果を知らせる

運動した結果が知らされる場合とそうでない場合とでは、次の行動に対する動機づけは大いに異なる。次の練習の目標や内容、克服すべき問題点があきらかになるという点で、結果の知識（KR-Knowledge of Result）を与えることは大切である。その方法は、言葉によって記録や成績を伝えることが一般的であるが、ビデオなどの視覚媒体を利用することも有効である。結果の知識は、提示される時期、情報の詳しさによって異なる。

・即時確認、運動直後に与える

- 年少者、初心者には明確で具体的、簡潔に
- 技能が習熟するにつれて、詳細に
- 与える量は、一度にたくさん与えるのではなく、学習者が情報を処理できる範囲で、能力にみあったものにする

⑤ 競争と協同を活用する

競争は二人以上の者が、同一の目標や物を欲し、それを獲得するチャンスがあると考えた時に発生する。人との競争、記録との競争、ポジション争いなどもそうである。また、一人ではできないことも他の人と協力して可能になったり、協同の意識によって励ましあったり、練習の苦しさを分かち合うこともある。

⑥ 誉めることとしかること

人は誉められることで満足し、次に満足をえられるような反応や行動を選択していく。一方叱責されることで不満足を感じ、罰が続くと不安や緊張を覚えやる気を失っていく。誉めることで行動は強化されていくが、その場合も発達段階、技能水準、性格などの配慮が必要で、そのタイミングも重要な要素となる。

第8章　発達とスポーツ

1. 発育・発達
2. 発達の原理
3. 成熟、レディネス、初期体験、臨界期
4. スポーツの役割と運動能力の発達
5. 人格の発達

北京五輪での中川真依選手（当時スポーツビジネス学科在籍）

1. 発育・発達

　身体運動は、形態的な発育と機能的な発達の中でその発達は可能となる。個体が受精して胎児となり、生まれ、成長して成人となり、その後衰退して死に至るまでの変化を発達という。狭義には上昇的、進歩的な変化のみを指すこともある。**スキャモン**（Scamon）は臓器別に組織特性が存在することに着目して、発育の経過を4つの類型に分類し、出生から20歳までの発育増加量を100％として、各年齢時までの増加量百分比で示した。スキャモンの発育曲線である。

　一般型は4歳ころまでに急激に発育し、その後発育速度は弱まるが思春期になって発育速度が大きくなる。全経過をみるとなだらかなS字状の曲線を描く。身長、体重、胸囲などの形態や骨格、筋肉、内臓器官などが対象である。**リンパ型**は7歳ころに100％を超え、10～12歳頃に最高に達する（成人の約2倍）。さらに年齢が進むにつれて成人値に近づくという特徴がある。胸腺などのリンパ組織などである。**生殖型**は、思春期以前の発育は小さいが、思春期を境に発育速度が急激に大きくなる特徴がある。睾丸や卵巣などの生殖器官である。**神経型**は、幼児期の発育速度が速く、4～5歳で80％異常発育し、以後、発育速度が緩慢になるという特徴がある。脳や神経系組織である。

　人間の発達の速さや性質は、必ずしも一様ではなく、機能や時期によって**波動性**や**周期性**がみられる。諸機能の発達過程を全体的な視点からとらえて、人間の一生をいくつかの段階に区分することができる。区分の方法は、身体発達、社会的慣習、精神構造の変化に基づくなど、様々な観点からなされるが、本書では、一般的によく使用されている乳児期、幼児期、児童期、青年期(壮年期)、老

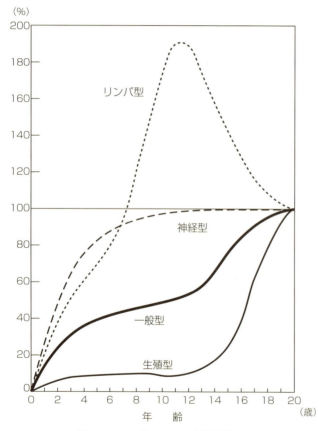

図8-1　スキャモンの発達曲線

表8-1　発育類型とその部位

類型	部位
一般型	身長、体重、胸囲などの形態や骨格、筋肉、内臓諸器官など
リンパ型	胸腺などのリンパ組織
生殖型	睾丸や卵巣などの生殖器官
神経型	脳や神経系組織

年期の区分に従うこととする。

２．発達の原理
　発育、発達の変化の過程はとても複雑であるが、その中に一般的**法則性**がみられる。
(1) 発達は遺伝と環境との相互作用である
　発達は親から引き継いだ遺伝的要素が現れるものであるという考え方（**生得説**）と、生まれてから経験すること（環境）が発達に決定的な影響を及ぼすという考え方（**環境説**）の論争が昔からあった。のち、発達は、遺伝と環境の総和であるという考え方（輻輳説）が現れた。現在では、両要素が互いに相互に相乗的に影響しあって発達していくという考え方（**相互作用説**）が主流となっている。

　環境と遺伝を別々に切り離して考えることはできない。子供の身体の発達は、親からの遺伝側面によって規定されることは事実であるが、同時に、栄養量、運動経験によって影響を受けるとも否定できない。

(2) 発達は分化と等後の過程である
　最初は全体的で未分化な器官や機能が、次に複雑で高度な、特殊化されたものへと分化していく。この**分化**は、調和のとれた統合的な体制への分化である。分化と統合は、発展的に繰り返されていく。分化とは同一であったものが異なる者に変化したり、単純なものが複雑なものへと構造を変えることである。発達の過程では、運動能力も分化を繰り返し、少しずつ複雑かつ柔軟になっていく。

(3) 発達は連続的な過程である
　停滞しているようにみえても停止しているのではなく、次の準備をしてい

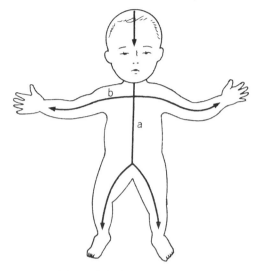

注　a：頭部－尾部勾配
　　b：中心部－周辺部勾配

図８−２　発達の方向

図８−３　幼児の運動の発達

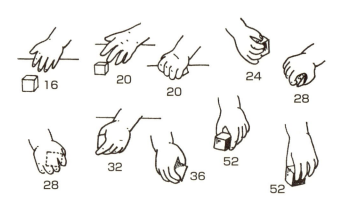

図8-4 つかむ動作の発達

るのである。このような**連続性**は、精神面においてもみられる。したがって、発達の事象を捉えるには、横断的な観点だけでなく、時間的視点にたっての縦断的なアプローチが必要である。飛び級は無い。

(4) 発達には一定の順序があり、方向がある

現れる順序は、現れる時期にズレがあるものの一定である。『首のすわり⇒寝返り⇒よつんばい立ち⇒二足歩行』この順序は性、人種、居住地域に関係なくほぼ同じである。

発達の進行方向の一つは、「頭部から尾部へ」の方向、一つは「中心～末端へ」である。頭や体の中心から先に発達し、徐々に尾部、周辺に進行していくのである。

a：頭部⇒尾部勾配

最も肝要な脳とその周辺が先に発達し、下半身の発育・発達が遅れて現れる。

b：中心部⇒周辺(末梢)部勾配

体の中心部には生命維持のための器官が集まっている。それらが発育してから周辺へ。

c：全体⇒部分

人間の諸器官は、まず全体的な構造が先に出来上がり、徐々に細分化され、それぞれの機能を統合することでその器官が完成する。

d：粗大な運動⇒微細な運動

運動も緩慢で粗雑、そのうえ運動能力も低い。筋力も不足して微妙な身体操作も難しい。

e：個別の運動⇒協調、連携された運動

基本的な運動も個別で独立しており、かなりの学習によって有機的に連動した運動になる。

(5) 機能ごとに異なった速度で進む（波動性）

身体諸器官の発達速度は、4種類ごとに違う。神経型は3～4歳ころまでに急激に発達し、生殖器は思春期に入って発達する。筋肉、骨格などの一般器官は生後数年と思春期の2回急激に発達する。リンパ系は生後1～2年と10～12年ころ急激に発達し、後、再び下降して成人で100%に達する。神経型（3～4歳）、リンパ型（1～2と10～12）、生殖器型（16～20の思春期）、一般型（1～2と14～16思春期）（Scammon, R. E.の発達曲線、図8-1）

(6) 個人差がある

a．発育の到達点の違い（兄弟でも異なる）

b. 発育時期の違い（第二次発育急進期の速く現れる子とそうでない子）
c. 発育経過の違い（発育が速すぎて成長痛が発生する）

その他の特徴として

① 急進期

連続的に進行するが、身体各部の器官やそれらの機能が一律に同時期に寸効するのではなく、部分的な発育と、統合によって全体が完態に向かう。

Ex. 身長が伸びる時に同時に身体内部の機能発達は無い。

② 性差

身体の形態、生理的機能、運動能力など異性間では大きな差がみられる。

③ 相互に関連して進行する

身長は、長骨の発育によってもたらされ、骨格筋の肥大による筋機能の発達を伴う。それによって血管が増長させ神経機能の発達を促す。結果的に体重が発育する。身体の発達は、運動の発達（図8-5、6、7）、社会性の発達（図8-8）、パーソナリティの発達に影響する。互いに密接に関係している。

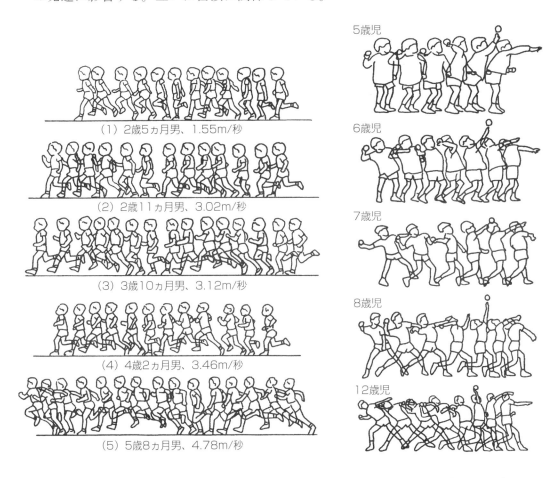

図8-5　走動作の発達　　　　　　　　図8-6　投球動作の発達

第1部 スポーツ心理学

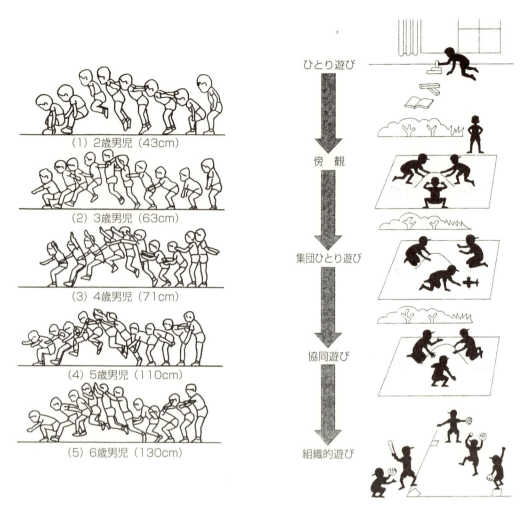

図8-7　跳躍動作の発達　　　　　　　　　図8-8　社会性の発達

3．成熟、レディネス、初期体験、臨界期

　遺伝的な要因が現れて発達することを成長又は成熟といい（**先天的要因**）、生まれてからの経験や環境による発達を学習とよんで（**後天的要因**）区別することがある。以前の発達心理学では、成熟をかなり重視しており、ある時期がくれば特に練習をしなくても自然にできるようになる、発達すると考えていた（**成熟優位説・ゲゼル**）。一定の成熟状態に達する以前に教育を行っても効果が無いか、あるいは時には有害であり、教育は子供の成熟と歩調を合わさなければならないという考えが強調された。この、学習の受け入れ条件が整った発達の状態を**レディネス**という。しかしながら、理論の背景として定義された学習の期間の短さという指摘や成熟と学習の二者択一的発想の結論の飛躍しすぎ感、発達段階が学習によってつくり出すことができるという指摘（ブルーナー、Bruner）がなされ、成熟優位説が揺らぐ中、新たな**初期経験**や**臨界期**という理論が出てきた。

動物（ネズミ）を対象とした実験で、発達初期における感覚運動的初期体験が、後の認知的機能の発達に重要な役割を果たしており、この時期を逃すと、後になって経験しても認知的機能の遅れを取り戻せないという初期経験・初期学習が重要であるとされる。また、大型鳥類の孵化直後のヒナに見られる母鳥に対する**追尾行動**は習性ではなく、初めて目に触れた一定のスピードで動く一定の大きさの物体に対して**追従反応**を示すことこそ習性であることが**ロレンツ**（Lorents, K）によって明らかにされた。これが、行われるためには、孵化後のごく短時間内に刺激対象に触れることが必要で、この時期を逃すと一生の間、追従行動を学習することができないことを見出した。この時期を学習の**臨界期**と呼んでいる。

人間は他の動物よりも高度な適応力をそなえているから、初期学習の重要性や臨界期の性質は、動物実験で示されたほど決定的ではないが、ヒトの**情緒**や**パーソナリティ**の発達には、**対人的養護刺激**（接触、愛撫、あやしかけ）が乳・幼児期に十分に与えられなければならず、知的な発達にも、発達初期における感覚的運動経験が重要である。

4．スポーツの役割と運動能力の発達

成長期の身体への刺激としての役割がスポーツにはある。適度な運動は身体諸器官長発達に有効な刺激としての働きを果たす。健康の増進、体力の向上に貢献する。一生涯の発達に寄与する。心への効果としての満足感、爽快感、心理的解放等にも影響する。また、パーソナリティや社会性などの発達に関連しながら全体としての人格形成にも貢献する。

運動能力とは、一般的に、身体作業や運動をする能力のことをいい、形態や機能が基礎になって発達するものである。

(1) 発達段階からみた運動能力の特徴

幼児期のはう、転がる、手足を曲げ伸ばすなどの運動は、その後の運動発達に重要な役割を果たしている。また、児童期は幼児期に獲得した基礎的な能力が向上し、洗練されていく時期である。基礎的な運動能力は、両的にも質的にも増大し、まとまって安定した能力へと変化し、6～7歳頃までには習得され、成人のレベルと同じになるとされている。

この時期の後半には、ほとんどのスポーツ種目を行うことが可能となり、複雑な技能も身につけることができるようになるが、まだ、骨格的には完成の段階に達していないため、過度の負荷をかけたトレーニング的な運動は不適切といえる。この時期には、豊富で多様な刺激や経験を与え、同じ動きを繰り返すことは避けた方が望ましく、いろい

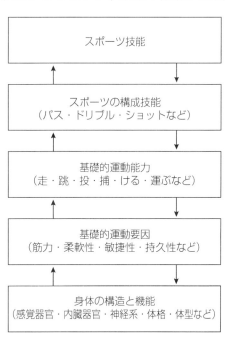

図8－9　運動能力の構造

表8-2　運動の発達段階モデル

◇胎児期
胚児期（1～2月）
胎児期（3～9月）　　　　　　器官や組織の分化

◇就学前期
新生児期（1～3月）　　　　　方向づけの不確かな全身的運動
乳児期（4～12月）　　　　　　最初の協応動作の出現
乳児期（1～3歳）　　　　　　さまざまな動きの習得
就学前期（3～7歳）　　　　　運動の組合せが可能になる

◇学童期－青年期
学童期初期（7～10歳）　　　　運動学習の急速な進展期
学童後期（10～13歳）　　　　 運動の基本技能の学習の最も重要な時期
青年前期（13～15歳）　　　　 運動能力・運動技能の再構成期
青年期（15～18歳）　　　　　 技能の安定、性差、個人差の増大

◇成人期
成人初期（18～35歳）　　　　 運動成績の高度の達成
中年期（30～45歳）　　　　　 運動成績の徐々の低下
成人後期（45～60歳）　　　　 運動成績の大きな低下
高齢期（60歳以上）　　　　　 運動成績の顕著な低下

ろな変化をつけた動きを経験する方が学習効果は高くなる。この発達初期における刺激や経験は、知覚や知的な発達にも貢献している。すなわち、運動発達にとって**運動の多様性**が非常に大切なのである。

次に、青年期から成人までの時期は、運動発達の最終段階となり、運動能力は一時的に急速に発達し、その後徐々に減退しながら完成のレベルに達する。急速な発達の時期は、女子で11歳前後、男子で13歳前後に現れ、それに対応した指導が求められる。

また、壮年期や高齢期では、筋力や運動機能の低下に個人差がみられ、画一的な指導は困難であり、個々の体力面に配慮した指導が求められる。運動技能が衰退化の傾向にあるというものの、この時期から何かのスポーツを始めてもある程度の水準にまでは達することが可能であり（**発達の複合性**）、生涯にわたってスポーツを楽しむ態度が肝要である。

(2) 基礎的運動要因の特徴

柔軟性、スピード、平衡性、協応性、持久性などについて発達段階から以下のような特徴がある。**柔軟性**と**スピード**の発達は10歳頃までが著しく、男女差はほとんど見られないが、以後の中学生までは女子が男子を上回っており、高校生になると女子は減退傾向を示し、男子は20歳頃までゆるやかに発達していく。**平衡性**の発達は、小学校低学年までは女子が優位で、8歳以降は逆転しその差が次第に大きくなる。バランス能力は速い時期に発達する。**協応性**の発達は、幼児期に手と脚の協応動作が発達する。**持久性**の発達は、男女ともに中学生以降に発達するが、男女差が著しく、ピークは女子で12～13歳、男子で15～17歳。以後急激に減速する。

表8－3　基礎的運動要因

領域	因子	内容
筋力	瞬発力 動的筋力 静的筋力	瞬間的に最大の力を出す能力 継続的な筋力の使用に耐える能力 筋肉の出しうる最大の力量
柔軟性とスピード	可動閾としての柔軟性 動的な柔軟性 方向転換のスピード 走のスピード 四肢の運動のスピード	身体または関節の可動性 運動を素早く繰り返す能力 短時間に疾走方向を素早く変える能力 短距離走や長距離走のスピード 腕や脚を素早く動かす能力
平衡性	静的バランス 動的バランス 物体のバランスをとる能力	固定した状態で身体の平衡を維持する能力 作業をしながら身体の平衡を維持する能力 身体やその一部で、物体のバランスをとる能力
協応性	四肢相互の協応性 全身協応性	手足などの同時的運動を協応する能力 全身を使った大筋運動において、いくつかの別個の能力を統合する能力
持久性		

(3) 基礎的運動能力の発達

走・跳・投の能力を基礎的運動能力あるいは一般運動能力と呼んでいる。これらは基礎的運動要因のいくつかを含んだ能力であり、技能的な面も含んでいる。

走運動…幼児期、小学校期、中学校以降のいずれの時期においても男子が優れている。小学校の時期までは男女の差は並行線であるが、中学校以降男女差は大きくなっていく。女子の頂点は13～14歳頃であるが、男子は18歳頃である。走技能のそのものの獲得という面に加えて、筋力の発達が影響する。

跳運動…走能力と同様の発達傾向を示すが、男女差は走能力より早く出現し始める。跳技能に加えて筋力の影響が大である。

投能力…幼児期と小学校の時期で著しい差がある。年齢が進むにつれて男女差が開いていく。技能面と筋力が影響する。

5．人格の発達
(1) 自己概念とは

自分がどのような人間であるか、自分の身体的特徴や能力や性格などについて抱いている自分自身についてのイメージが**自己概念**であり、**自己知覚**（selfperception）と言われることもある。言い換えれば、比較的安定した自分の個人的な特徴についての認知であり、その人がある環境の中でどのように行動するかに大きく影響する。なかでも、自分の良いところ良くないところといった評価判断は、**自尊心**（selfesteem）と呼ばれる。また、特定の活動領域（スポーツ、学業、仕事など）における自分の能力に対する知覚は、**有能感**（perceived competence）と呼ばれている。

(2) 身体的自己

　生まれたばかりの新生児には、自分という意識はない。自分と外界の区別のない自他未分化な状態にあると考えられる。乳児は生後4ヵ月ごろから1歳ごろにかけて盛んに自分の両手を組み合わせたり、手や足の指をなめたりかじったりするようになる。このような運動は**自己刺激的運動**と呼ばれる。自分の指は噛むと痛いが、おしゃぶりは痛くない。自分で自分の手を引っ張るのと、母親が手を引っ張るのでは手の感覚が違う。乳児はこのような**感覚運動的フィードバック**を通して、自分の身体とそれ以外のものを区別するようになる。これが「**身体的自己**」である。身体的自己は鏡に映った自己像への反応によって調べられ、1歳を過ぎるころから2歳ごろまでに成立していくことが明らかにされている。

◇自己概念の成立

　身体＝自己という身体的自己は、自分は身体を持っているという客体としての自己へと発展していく。3歳ごろになると、自分は「…する」とか「…できる」といった行為や、身体的特徴や持ち物といった内容で自分を捉えるようになり、自己概念が成立する。

　幼児は、具体的な行動（例えば、縄跳びができる）と密接に結びついた運動有能感、知的有能感、社会的受容、行為の4つの側面から自分を見ていることが明らかにされている。これらの有能感の形成には、達成行動、費やした努力、重要な他者からのフィードバックという3つの情報源が関係している。達成行動（典型的には、できる／できない）は目に見える行動の結果で判断するが、自分のパフォーマンスを他者と比較して能力を判断することはほとんどない。また、能力と努力概念が未分化で、一生懸命努力できることが高い能力だと考えている。さらに、親や教師など重要な他者からの「上手にできたね」などといった評価的フィードバックを額面通り受け取り、仲間のパフォーマンスや勝ち負けなど他の情報源と統合することができない。このため、幼児は現実の能力より誇張された高い有能感をもつ。肯定的な自己概念をもつ幼児は、遊びや達成行動において好奇心旺盛で自信をもち積極的で、環境の変化やストレスにさらされたとき、より適応的で柔軟な行動を示すことが明らかにされている。

(3) 自己概念の分化と統合

　児童期になると、自己概念はさらに多くの独立した領域から構成されるようになる。領域の内容は文化や個人によって異なると考えられている。一般的には、知的有能感は学業領域になり、**運動有能感はスポーツ領域**と**身体的外見**の2領域に分化すると考えられている。と同時に、幼児期には見られなかったこれらのすべての領域を統合した全体的な自己概念が形成され、自己概念は層構造を構成するようになる。また、自己概念の形成に関与する情報源も分化する。幼児期と同じ3つの情報源のほかに、内的情報（運動の上達感、学習の容易さなど、仲間のパフォーマンスとの比較。試合の結果（勝負、記録）、スポーツの好き嫌いが加わる。重要な他者からの評価フィードバックは、親と、指導者・仲間に分化し、親の重要性は年齢とともに低下し、逆に指導者と仲間の重要性は増大する。

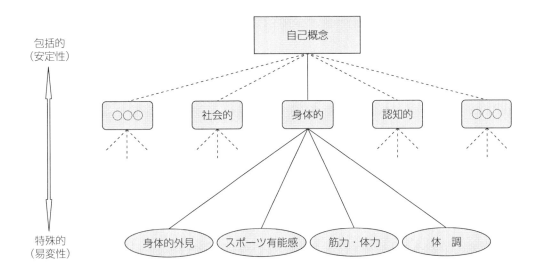

図8−10 自己概念の層構造モデル

　青年期になると、自己概念を構成する領域はさらに分化する。社会的受容は友情と恋愛関係に、仕事に就いた青年には仕事の有能感が加わる。領域が増えるだけでなく領域間の独立性も増大し、スポーツは得意だが勉強は苦手といった領域間の違いによって、自分は何者なのだろうかといった内面的な混乱が生じやすくなる。

　また、自己概念には図8-10に示したような層構造が形成され、身体的自己領域はスポーツ有能感、身体的外見、筋力・体力、体調の4つの下位領域をもつようになると考えられている（Fox, KR, & Corbin, CB, 1989）。自己概念の形成に関与する情報源もさらに分化する。他者からのフィードバックには観衆が加わり、指導者と仲間はそれぞれ独立する。内的情報にも技能上達の程度と目標の達成が加わり、年齢とともに情報源としての重要性が高まる。このような情報源の分化と認知的能力の発達とともに、児童期から青年期にかけて自己概念は現実的、客観的になっていく。

　成人期になると社交性、道徳性、扶養者としての能力、養育などが加わり、領域の数はさらに増えると考えられている。分化とともに統合性も増大し、自分を複眼的な視点から捉えられるようになるとともに、それらを統合した自己が確立される。仕事や家庭を通しての他者との社会的関係が、自己概念の中で重要な地位を占める。結婚、子どもの出産などのライフイベントに遭遇するが、自己概念の変化は比較的小さく、有能さは親友や家族や仕事仲間などの安定した社会的構造の存在によって維持される。成人期以降については、高い自己概念は運動参加、ウエルビーイング、QOLなどと結びついていることが明らかにされている。

　中高年になると、健康、生活の満足度、思い出などが自己概念の領域として現れるとさ

第1部 スポーツ心理学

れている。この時期に遭遇する身体的能力の低下や退職や健康上の問題は、自己概念に否定的な影響を与える。年をとるにつれて、自分自身と自分の能力についての知覚は現実の能力より高くなる。また、例えばゴルフのクラブを以前のスチールクラブから軽くよく飛ばせるカーボン製にチェンジしていくとか、出る試合を年齢別のものに変えるなどといった、選択的最適化によって有能感を維持しようとするようになる。

(4) エリクソンの心理社会的発達の8段階説

人の生涯を、いくつかの段階に分けて、その変化の過程を記述・説明する試みは多くの研究者によってなされてきた。人の身体的・成長的側面に焦点をあてた発達説、社会の要請と個人の精神生活の相互作用に焦点をあてた発達説など、さまざまな角度からの発達段階説が存在する。ここではエリクソンの8段階説とハヴィガーストの発達課題説を紹介する。

精神分析家のエリクソン（Erikson, E. H.）は、人の一生を8つの段階に区分する心理

	1	2	3	4	5	6	7	8
老年期 Ⅷ								統合 対 絶望、嫌悪 知恵 (wisdom)
成人期 Ⅶ							世代性(生殖性) 対 停滞 世話 (care)	
前成人期 Ⅵ						親密 対 孤立 愛 (love)		
青年期 Ⅴ					同一性 対 同一性混乱 忠誠 (fidelity)			
学童期 Ⅳ				勤勉性 対 劣等感 有能 (competence)				
遊戯期 Ⅲ			自主性 対 罪悪感 目的 (purpose)					
幼児期初期 Ⅱ		自律性 対 恥、嫌悪 意思 (will)						
乳児期 Ⅰ	基本的信頼 対 基本的不信 希望 (hope)							

空白のマスは単なる空白ではなく、発達が進むにつれてその状況が書き込まれる箇所であり、全生涯をかけて完成されるとされている。

図8-11 エリクソンの発達図式

社会的発達論を唱え、"性格（人格）は、広がっていく社会生活圏に向かって駆り立てられ、それらについて目覚め、それらとの相互作用を営む主体としての人間の準備態勢によって、あらかじめ予定された各発達段階に沿って発達していく"と述べている。ここでは、社会と個人との相互作用が強調されており、各発達段階に個人の内的成熟と社会の要求から生じる心理社会的危機を伴うが、各発達期の危機を首尾よく乗り切るか否かは、精神的健康・不健康を規定することになるとしている。これらの各危機の解決に成功すれば、健康に発達が続けられるが、解決に失敗しそれが蓄積されていく場合は、それが病的障害をもたらす素因になると考えられている。

このように、エリクソンは、**フロイト**（Freud, S.）の性心理発達段階説を発展させて、人生を、第1期から第8期に分け、各期の**ライフタスク**（lifetasks）を提起している。乳児期の第1期は「基本的信頼 vs 基本的不信・希望」、幼児期初期の第2期は「自律性 vs 恥・疑惑・意思」、遊戯期の第3期は「自主性 vs 嫌悪感・有能」、学童期の第4期は「勤勉性 vs 劣等感・有能」、青年期の第5期は「同一性 vs 同一性混乱・忠誠」、前成人期の第

表8-4 人の発達各期の発達課題（Havighurst）

発達の時期	発達課題
幼児期・児童期の初期	固形食を食べられるようになること 歩行ができるようになること 会話が自由にできること 排泄習慣の自立 正・不正を区別し、良心を発達させること　など
児童期の中期	身体的技能を獲得すること 自分自身への態度を発達させること 他人とうまくやっていくこと 男子（女子）としての性役割を発達させること　など
青年期	同年齢の友だちとの親密な関係を成立させること 両親から心理的（情緒的）に独立すること 職業生活に向けての準備をはじめること　など
成人期（前期）	職業生活を開始すること 配偶者を選択すること 家庭生活を開始すること 子供を生み、育てること　など
中年期	10歳代の子供たちを援助し、責任ある幸せな成人生活へと導いていくこと 市民としての責任を発達させること 一定の生活水準を維持すること 配偶者を人生の最良の友として関係づけること 中年の生理的変化を受け入れ、かつそれに適応すること　など
老年期	身体的衰えおよび健康の低下に適応していくこと 退職にうまく適応すること 配偶者の死を受容すること 同年齢の他の人々と良好な人間関係を結べること 柔軟な姿勢で社会的役割の変化を受け入れ、それに適応すること　など

6期は「親密 vs 孤独・愛」、成人期の第7期は「世代性・生殖性 vs 停滞・世話」、老年期の第8期は「自我の統合 vs 絶望・嫌悪・知恵」の8期であり、それぞれの発達期のライフタスクの職種的心性を獲得すれば、自我発達も正常に進んでいくと考えられている。

(5) ハヴィガーストの発達課題説

ハヴィガースト（Havighurst, R.）は、人の一生を乳幼児期、児童期、青年期、壮年期、中年期、老年期の6段階に分け、各段階の**発達課題**（developmental tasks）をまとめている。発達課題は、個人の生活の一定の時期に起きるの個人に幸福をもたらし、それ以後の課題の達成を成功に導くが、それに失敗することは、個人の不幸と社会からの不承認をもたらし、以後の個々の発達課題の達成を困難にさせてしまうと考えられている。

発達課題の概念は、それぞれの段階において、個人の内に自発的に起きてくる心理的現象をいうのではなく、社会の側の強い要請を含む概念であり、それに応じることのできる個人の適度な成熟と課題達成への動機が不可欠な要素である。発達各期の発達課題の内容は、表8-4のようなものである。このような各時期の発達課題が達成できるようになるためには、個人の正常な「成熟」と「社会の圧力」と「個人の意欲」の3つの条件が必要である。

(6) 自我同一性（アイデンティティ）の確立

親の依存関係から徐々に脱し、家族外の対象と親密な関係を深めていく中で、**アイデンティティの確立**という課題に直面する。アイデンティティとは、自分が何者で社会の中でどのような役割を果たせるのかについての意識である。自分が今後どのように生きていくべきか、何をし得るのかについて納得のいくかたちで自己像を再構成したとき、はじめてアイデンティティが確立されたと位置づけられる。**エリクソン**（Erikson, E. H.）の**心理社会的発達論**でもアイデンティティの確立はもっとも重要な意義をもち、出生後から青年期にかけてのさまざまな発達的変化は、ある意味ではアイデンティティの確立に向けて収斂されていくとみても過言ではない。アイデンティティの確立によって、青年期から成人期へ移行したとみなすことができるのである。

アイデンティティの確立過程が具体的なかたちとして出現するのは高校卒業後の進路選択や職業選択に伴う葛藤であり、その段階で葛藤がうまく解決されないと**役割拡散**として否定的な同一性を形成してしまう可能性が高い。そして、アイデンティティの確立過程に重要な機能を果たすのが役割実験、すなわちアルバイトや社会的諸活動に従事する中で自己と社会との関係をとらえ直す経験の積み重ねなのである。その意味において、大学生活というのは職業選択の時期を一時期猶予するという**モラトリアム**の時期ともいえる。いずれにしても、成人期における自我同一性の確立過程はその後に展開される後半の人生における人格形成に大きく影響するものである。

第9章　スポーツ集団の構造と機能

1. スポーツ集団
2. 集団凝集性
3. リーダーシップ
4. PM理論
5. 集団規範

金沢学院大学相撲部（中村友哉選手と田邊大宣選手、両者ともに大相撲に進む）

1. スポーツ集団

　運動・スポーツをするための人々の集合体を運動集団という。学校や会社などの運動クラブ、地域の運動サークルな、運動を行なう人々は、たいていこのような運動集団に加入している。より厳密に言うならば、集団の成員はお互いどうしをよく知っていて（対面熟知性）、集団としての一体感を感じ、共通の目標を持ち、相互活動を行ない、役割が分化していて共通の規範を持っていることにより、他の集団と区別されるのである。

　集団活動をより有意義に行なうために、集団の構造を知り、集団が個人にどのような影響を与えるかを知ることは重要なことである。

(1) 集団の構造

　運動集団は、員が増加し、成員間の相互作用の増加とともに、だんだん変化して組織化が進む。この過程を**中村陽吉**は次のように要約している。

- 集団目標の明瞭化
- 集団の分化と統合（様々な役割が分化し、それぞれの役目を関連づけて全体として統合すること）
- 集団規準の確立（その集団が他の集団と区別されるような独特のものの考え方や行動の仕方、意味の理解の仕方をつくりあげること）
- 集団の許容的雰囲気の醸成（集団の中で感じたこと）思ったことをさらりと表現でき、しかもそれが素直に受けとられるような関係がメンバー間に確立されること

　組織化された公式の役割分化では、例えば、監督・コーチ・主将・選手という構造がみられる。成員はその位置や役割を知り（役割認知）、その役割への期待にそうように役割を果たす行動をする（役割遂行）。

　役割分化、役割認知、役割遂行がきちんと行なわれると、集団は安定した構造を持ったと考えられる。集団構造の分析の視点は、公式の役割構造のほかに、非公式の成員相互の好悪関係、コミュニケーションの流れに置かれている。集団の場合、対人関係の感情の流れが大きな意味を持っている。

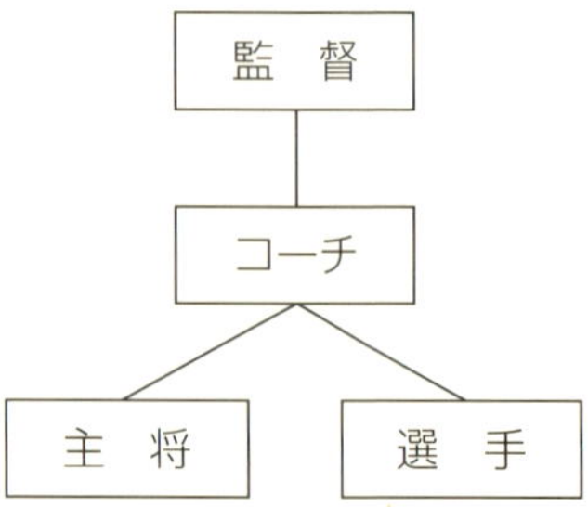

① コミュニケーション構造

　コミュニケーションは、相互の情報の伝達を意味している。コミュニケーション構造は、集団内における情報伝達、意志疎通の通路の全体的配置、構成状態をいい、集団内の特定の位置を占める成員の間に意志の疎通、情報伝達の道が開かれているか否か、あるいは開かれているコミュニケーション通路に従って、実際に情報や意志の伝達が行なわれているかは、集団の内的・外的な社会心理学的要因によって左右される。

　コミュニケーション・ネットワークは図9-2に示した四つのモデルが考えられている。このようなネットワークは集団内の問題解決能力、リーダーの発生、集団の士気などに影響

図9-1　集団の構造

を及ぼすものである。

運動集団では、競技志向の強い集団は車輪型構造、対人関係を重視して楽しむ傾向が強いレクリエーション志向の強い集団ではサークル型構造が代表的な型であると考えられる。集団のパフォーマンスを高め、集団組織が各成員の満足を満たすように機能するためには、どのようなコミュニケーションの型が好ましいのであろうか。一般的には、コミュニケーション情報が単一の通路を通り、多くの情報が流れると負担がかかるので、通路が少なすぎてはならないし、長すぎてもいけないと考えられている。その結果、図9-3のようにすべての成員間に完全なコミュニケーションがあることが望ましいのである。

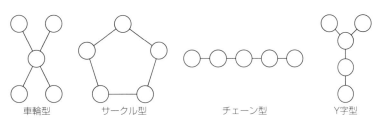

図9-2　各種コミュニケーション構造

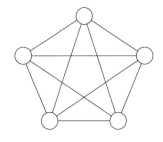

図9-3　コミュニケーションの完全結合

② ソシオメトリー構造

ソシオメトリーとはソシオメトリック・テストを用いて測定された対人関係の選択・拒否の指標を用いて集団の感情構造を記述する方法である。集団内の個人の感情の流れを成員間の牽引・反発・無関心による選択と拒否の力学的体系とみなしているのである。ソシオメトリーは、ソシオグラムに図示され、スター（リーダーに近く、最も他者から多く選択される人）、孤立者、周辺者（相互選択がなく、一方的選択関係しかないもの）、相互選択、下位集団（少人数の相互選択で結ばれた一部の人の集団）などが分析される（図9-4）。

ソシオグラムの基本的な構造型は、表9-1に示したように5つに分けられ、集団の機能とも関連している。

運動集団では、下位集団の分裂が多かったり、孤立者が多いことは集団のまとまりを低下

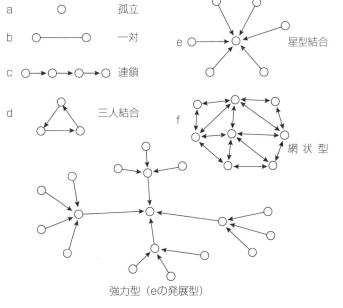

図9-4　ソシオグラム結合のタイプ

表9-1 田中によるソシオグラムの基本的な構造型

1. 統一総合型	1人のリーダーによって、統一される場合と、2人または3人のリーダーによって統一される場合がある。
2. 分団結合型	仲良しの下位集団が相互に結合している場合で、中心人物は各小分団に配分される。
3. 一部集中型	選択が一部に集中する場合で、下位集団の間が分離するし、周辺児や孤立児が多くなる。集団が未発達な場合にこの型が現れやすい。
4. 分団分離型	下位集団の分離がある場合、たとえば男子と女子の分裂傾向のようなもの。
5. 多数分離型	相互選択が少なく周辺児や孤立児が大多数を占める場合。

させると考えられている。相互選択が多いことが集団内の人間関係の良好さを示しており、競技志向傾向の大きな集団では、相互選択が多いこと、スターの存在、つまり、全員に認められたリーダーがいることが、集団の機能を高めると考えられる。

2. 集団凝集性

集団成員を集団にとどまらせる力を集団凝集性という。これはチームワーク、団結などと同義に用いられている。自分の集団が、その目標に向かって成功するように動いていると認知することは、集団の凝集性を高める。つまり、そのことによって個人の欲求と集団の目標との結びつきが、より十分なものとなるからである。しかし、集団成員のだれかが無関心で怠慢な態度を強く示すようだと、他の人たちの目標達成の自信を低下させる。さらに、個人の目標のために集団目標を放棄する傾向が広がったりする。これらのことは凝集性の低下を招くのである。

このような凝集性は、大きく2つの観点からとらえることができる。1つは、目標に向かうように成員を1つにまとめる力であり、他方は、成員間に生じる感情的トラブルに基づくもの、つまり集団内の人間関係の魅力に基づく力であり、前者は課題凝集、後者は対人凝集とよぶことができる。

凝集性は集団が発達するにつれ高まるものである。又、集団がどのような目標を持っているかが凝集性を異なったものにしている。競技志向の強い集団は課題凝集が大きく、レクリエーション志向の集団は、課題凝集よりも対人凝集が大きくなることが見出されている。

チームスポーツといわれる球技種目では、個人競技種目よりもチームワークを大切にしている。この場合は主として集団内の人間関係、つまり対人凝集をさすものである。しかし、課題追求をめざすスポーツ集団では、どの種目でも対人凝集よりも課題凝集の大き

な集団が成功すると考えられる。

　それでは、凝集性を高めるためにはどうしたらよいのか。**古簱安好**は以下の 3 つをあげている。
- 集団に所属し、その成員であることに魅力を持ち、または誇りを感じるようにする。
- 集団活動によって目標達成が見通され、目標達成に向かう活動に満足を感じるようにする。
- 集団そのものが威光をもつこと。するとその集団の一員として満足を見出す傾向を生じる。

　これらは、指導者が注目すべきポイントである。通常は凝集性が高くないように感じられる集団でも、危急の時に大きな凝集を示すことがある。このように、外部からの危機に直面することも、集団の凝集を高める要因になる。運動集団では試合を行なうことが、これにあたるであろう。いざという時に大きな凝集性を示すような集団が望ましいといえるのである。

3．リーダーシップ

　集団を統制し、その活動を方向づける指導―追従関係の現象をリーダーシップという。そしてリーダーシップは①集団の機能の 1 つであり、②集団成員が集団の目標を達成しね連帯を維持し、③集団成員の自発性に依拠してこれを行なうという 3 点の機能を含むと考えられている。この機能は、集団における目標達成機能と維持機能に大別される。

　目標達成機能は、具体的な指導計画をたて、効果的な練習方法を取り入れて成員に命令したり、指示したり、叱咤するようなリーダーシップ行動に見られ、維持機能は、「集団内の人間関係を調整し、成員の一体感を助長させるような行動に示される。

　リーダーシップは、集団のリーダーの機能と考えられがちであるが、リーダー個人のパーソナリテイー特徴によるものというより、集団自体の状況の要求に基づくものと考えられるようになってきている。すなわち、リーダーシップはパーソナリティーと状況との間の相互作用の関係であり、課題が変わると異なる解決能力が要求され、集団あるいは事態が変化するとき、リーダーも変わると考えられる。例えば、あるチームで成功したリーダーが他のチームにおいて必ずしも効果的なリーダーとはなりえないのは、このことによるのである。リーダーシップの地位を得るために、個人の特性と状況のどのような条件が影響を及ぼすかは、図 9-5 に示したとおりである。

　リーダーの発揮するリーダーシップが特定の型を示した時、集団にどのような影響を与えるのだろうか。**ホワイト**と**リピット**（White & Lippitt）は、リーダーシップの三つの型の研究を行なっている。すべての方針はリーダーが決定するという支配の強い**専制型**では、集団内に攻撃的行動、敵意行動が現われ、依存的で没個性的な不平不満を示すメンバーが多かった。すべての方針はリーダーの助力の下にグループ討議とグループ決定による**民主型**では、専制型よりも作業量は低かったが、やる気、動機づけが高く、集団意

第1部 スポーツ心理学

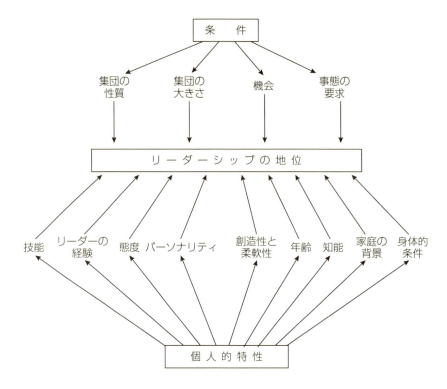

図9-5 リーダーシップの地位に関する条件と個人的特性

識も強いことが示された。方針決定はグループ、あるいは個人の自由な決定にまかせるという**自由放任型**では、リーダーシップはほとんど発揮されず、作業の量・質が両方とも低く、意欲も低いことが見出された。

これらのことから、リーダーシップが集団に影響を与えることは明らかとなったが、どのようなリーダーシップがどのような状況で効果があるのだろうか。一般に、リーダーが成員を十分統制できたり、統制が全く困難なときには、**課題遂行型**のリーダーが必要であり、集団の達成欲求が低い場合には、目標達成機能の強いリーダーシップが効果的である。又、リーダーがある程度成員を統制できる場合には、**対人関係維持型**のリーダーが必要であると考えられる。集団の効果性を高めるためには、集団がかかえる課題状況に適したリーダーシップの行動類型があると思われる。

三隅二不二は、リーダーシップは単なる個人の行動ではなく、他者（集団）への影響過程を含むため集団現象であるとしている。また、「特定の集団成員が集団の課題解決ないし目標達成機能と、集団過程維持機能に関して、他の集団成員達よりも、これらの集団機能により著しい何らかの継続的かつ積極的影響を与えるその集団成員の役割行動である」とし、指導者がいない状況であってもリーダーシップは存在すると述べている。

古くはリーダーシップのスタイルとして"**専制的リーダー**""**民主的リーダー**""**放任的リーダー**"が設定され、集団の特徴について研究がなされてきた。そこでは、民主的な

リーダーのもとでは能率的で集団の雰囲気も良い、専制的なリーダーのもとでは作業量は多いが意欲に乏しい放任的なリーダーのもとでは非能率的で意欲も低いというものであったが、これらの結果はかならずしも一貫しておらず、リーダーシップの機能を考慮したPM理論が出現した。

4．PM理論

PM理論は集団の**機能**という視点でリーダーシップの類型化を試みており、企業、行政、学校のみならずスポーツ場面でのデータを検討している特徴がある。

集団は、以下の2つの機能次元をもっている。

① **P機能**（performance function）

課題解決ないしは目標達成に関する機能であり、そのために行う行動をP行動という。

② **M機能**（maintenance function）

集団の存続や維持に関する機能でありそのために行う行動をM行動という。スポーツ場面を対象としたリーダーシップP機能の特徴的な内容は、"クラブ全体をうまく統率している"、"リーダーとしての自覚ある行動をとっている"などの**統率**の因子と、"練習を休んだ部員を厳しく注意する"、"遅刻者を厳しく注意する"などの**練習への厳しさ**の因子が見いだされた。また、同様にM機能では、リーダーはあなたの気持ちをわかってくれるかどうかなどの配慮の因子、さらに"リーダーは新入部員の勧誘に熱心である"、"道具・用具の管理に注意を払っている"、"新入生の実技指導をよく見る"、など集団維持に関する因子が見いだされている。

リーダーシップにおいて、P機能（P行動）とM機能（M行動）は単体ではなく、PとMの組み合わせで集団に存在する。PもしくはMの機能（行動）がより高いものを大文字で示し、より低いものを小文字で表し、PM型、pM型、Pm型、pm型の4類型で示す（図

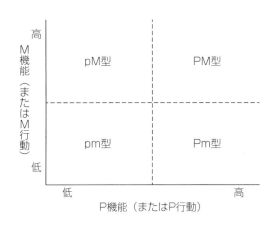

図9－6　リーダーシップの類型

表9－2　リーダーシップの型と特徴

型	特　徴
PM型	課題遂行・目標達成を強調しながら集団内の対人関係の調整にも努力する
pM型	課題遂行よりむしろ集団内の人間関係の調和や人々の感情に気配りをする
Pm型	もっぱら課題遂行・目標達成に専念する
pm型	課題遂行および対人関係の両側面について消極的

9-6）。いうまでもなくPM型のリーダーが最も望ましく、pm型のリーダーが最も望ましくないとされる。

リーダーシップ4類型と集団の効果との関係について、意欲・満足度を基準とした場合には、効果のある順にPM型＞pM型＞Pm型＞pm型となる。また、生産性を基準とした場合、短期的には順にPM型＞Pm型＞pM型＞pm型となり、長期的にはPM型＞pM型＞Pm型＞pm型になるとされる。さらに、PM型の効果が高いのはM機能がP機能に対して作用し、両者の相乗効果が生ずるためと解釈されている。

5．集団規範

集団成員の間で相互作用が進むと、相互に似かよった態度、行動、価値観などが作られてくる。これは、①もともと類似性をもった者が類を求めて集まりやすいこと、②同一の集団に属することによって共通の刺激状況にさらされやすい、③集団には斉一性への圧力が存在する、ことが主な原因と考えられている。このような成員各々が共有している思考や行動についての判断の基準の枠を**集団規範**という。これは集団内での問題の重要性が高くなるにつれ大きくなる。そして、逸脱者とリーダーを比べると、規範に同調しない行動をリーダーがとっても集団から罰せられることは少ないが、逸脱者の場合には集団から完全に拒否きれることが見出されている。

規範への同調は集団への貢献として評価され、集団の持つ規範や理想をもっともよく体現している成員が高く評価される。競技スポーツ集団では、先輩、後輩の区別が明確なこと、部長や監督に忠実なこと、先輩に対する形式的な挨拶、後輩は雑役係であること、などが暗黙の集団規範になっている。

集団規範は判断や行動の拠り所となるだけでなく、成員の不安解消にも役立つ。不合理な規範というものもみられるが、規範を共有することにより、コミュニケーションが盛んになり、集団維持も進んで、集団の統合が進むと考えられる。したがって規範は集団にとって重要な機能である。

(1) 効果的なリーダーシップ

集団のリーダーの行動や思考様式など、多くの特徴がメンバーのそれへも強く影響する場合が多い。集団において支配力の強い人の行動や意図は、他の一般の成員に影響しやすいことを示している。リーダーが成員に与える影響は、受け手がリーダーを受け入れたり、その権限を受け入れる程度が大きくなるにつれて増大するのである。

自分が納得できないビジョンや夢中になれないビジョンに対する責任を選手が受け入れることはない。その中でリーダーという役割で最も大切なことは、一生懸命練習すれば達成できるビジョン、全員が本気になれば達成できるチームの目標、そしてその課題を達成したらどのような報酬が与えられるかをしっかりチームに提示することである。すなわち、**ビジョンを描く**ことが大切である。このときの目標設定においても、リーダーは達成の難易度と可能性をほどよくミックスしたものを設定するように十分気を配るべきで

ある。
(2) 成員のやる気を育てる
　効果的リーダーシップのひとつとして、成員のやる気を育てるということがあげられる。やる気は心理学で達成動機、動機づけといわれ、いろいろな条件から生み出される総合的なスポーツへの取り組み度のことである。多様な価値観が存在する現代社会の中で、スポーツ集団の目的達成のために、どれだけ打ち込めるかがキーとなる。すなわち、スポーツのためにその他の条件をどれだけ犠牲にすることができるかということだ。

　このようなスポーツへの高い志向性をもつようになるためには、以下のようなやる気を育てる工夫をする必要がある。
① 目標を設定し、明確化する。
② 称賛と叱責を有効に取り入れる。
③ 競争と協同をさせる。
④ 興味や関心があることを取り入れる。
⑤ 技術、体力、心理的能力を評価する。
⑥ 試合態度、勝敗意識を正しく指導する。
⑦ 意見を調整し、自主性を育てる。
⑧ 個性を尊重し、大切にする。
⑨ 失敗に対する不安や恐れをなくす。
⑩ 勝敗（成功・失敗）の原因を正しく認知させる。

　これらの条件で最も大切なことは、その集団や個人にとって適切な目標を設定し、それを達成しようとする態度を養うことである。そして内発的動機づけを育成することである。

(3) 協調性と個性化
　協調性と個性化にリーダーシップを発揮することも重要なことである。協調性とはチームワークのことである。チームワークは「協同作業、協同動作、協力などの意味をもっており、スポーツではチームのメンバーが精神的・技術的に協力して行動することをさし、それぞれの役割に応じて責任を果たし、互いに信頼し協力してメンバー間の連絡がうまくいくこと」といわれている。成員の凝集性・友好性が高まれば、集団の生産性が向上する。

　わが国では諸外国のスポーツ選手に比べて、特に協調性が重要視されるスポーツ観が形成されている。その結果、伝統的なスポーツ集団では、画一的な規律、技術の練習などが強制され、それを破る者は集団から疎外されるという習慣が続いている。このことは、個性の埋没化として指摘することができ、近年のわが国のスポーツ界低迷の一因ともいわれている。成功したスポーツ集団は、必ず他のチームと異なった雰囲気、練習法、そして技術などを身につけているものである。集観が成功するためには、協調性と個性化の共存が必要であり、リーダーはこのことをもっと大切にすべきである。

その他に、リーダーシップを発揮する条件として、リーダーはメンバーの集団感情をいち早く察知して適切に処理することが要諦である。またメンバーの個人的行動を集団に貢献するような集団的行動の過程に円滑に切り換えさせるために、行動方向の理解と転換の促進を図ることが必要である。そしてこれらの要点をうまく生かしてリーダーとメンバーの社会的態度やパーソナリティがうまく適合するときには、リーダーシップの効果や集団としての成果が期待されるであろう。

第10章 スポーツカウンセリング

1. スポーツカウンセリングとは
2. アスリートの訴えの特徴
3. スポーツカウンセリングの特殊性
4. スポーツカウンセラーの資格

ロンドン五輪での岸彩乃選手と日本代表コーチ丸山章子准教授

1. スポーツカウンセリングとは

　カウンセリング（counceling）は本来個人が直面している適応上の問題を解決するために相談し、話しあい、心理的な指導・助言を与えることを意味している。その場合、問題解決のための心理学的訓練を受けた専門家（**カウンセラー** counselor）と相談に来た人（**クライエント** client）が話し合いの中でお互いに心理学的な相互作用を及ぼしあう過程といえる。**カウンセリングは心理相談**であり、狭い意味では個人面接、個人相談と考えられ、広い意味では専門家による心理的な援助、心理指導の技法の総称である。その治療方法として挙げられる**セラピーとは心理療法**であり、心理的技術によって相手の心（欲求、感情など）に何らかの変化を及ぼすことによって、精神的障害を除去しようとする治療方法である。

　スポーツカウンセリングは競技場面や競技生活で抱えている心理的課題・問題の解決のために来談したスポーツ選手、スポーツ・チームに対して、専門的な訓練を受けたスポーツカウンセラーが、心理的な接近法により援助することである。すなわち、スポーツカウンセリングとは、「競技場面に関わる全ての人々を対象とする心理臨床行為」であり、アスリートの**心理的問題、相談**としては、競技力向上にかかわる問題、競技遂行上の問題、神経症、身体的問題、あるいは全人格的成長や引退の問題、傷害の受容と克服などがある。具体的な問題としては、心因性動作失調、実力発揮の不出来、スランプ、運動部への不適応、食行動の問題、バーンアウト、アスリートとしての生き方などである。

　本来、カウンセリングは、「心理的に困っている人を援助するという実際的な要請にこたえて行われてきており」スポーツカウンセリングも問題行動や病を抱えた選手への援助にとどまるものでもなく、それに関わる指導者も含めて対象者の生き方全体に関わってくるものになる。悩みや、問題を抱えた選手や指導者の語ることを傾聴しながら、心の世界に寄り添うカウンセラーに支えられて、アスリートや指導者の成長が促され、結果として問題解決していくと考えられる。

2. アスリートの訴えの特徴

　背景にはさまざまな問題を抱えたうえで、「競技力向上」、「人間関係」、「身体に関わるもの」の問題として表される。

(1) 競技力の向上

　訴えの背景にある問題の見きわめが必須であり、重要であることを確認したうえでなお、競技力向上のアドバイス、心理スキルトレーニングやメンタルトレーニングの処方の適用には慎重な対応が求められる。競技の場は勝敗を争う場であり、実力を発揮して、勝つこと、記録を伸ばすことなどが究極の目的である。そのような競技の場において、「実力が発揮できない」、「スランプだ」「勝てない」、「やる気がおきない」、そのために「アドバイスが欲しい」「メンタルトレーニングを教えてほしい」と競技力向上に直接関わる訴えが生ずることは当然のことである。このような場合、対応者は自己の知っている

中での心理的なアドバイスが可能であるが、主訴者の心理的様態（心の病的度）を把握せずに進めていくと、主訴者が素直に従ってしまうことが危険な様態を誘発することがある。心理的アドバイスに従うこと自体が心理的問題を含んでいるのである。心理的な問題の様態を臨床心理学的なトレーニングを積んだカウンセラーではない者による安易な指導は禁忌である。表面的な訴えであってもその問題の深さが潜んでいることがあるのである。

(2) 人間関係・部内での不適応

「誰々とは気が合わない」、「指導者と合わない」、「先輩がいじめる」、「上下関係が嫌だ」などの主訴は実は、心の深部にある問題が出方を変えて表出されている場合がある。日頃の練習や試合においてはそのような感情をあらわに出してプレーすることを幼いころから閉じ込めてきたという場合が多い。グループ、集団、部という団体の中で行われるスポーツはそれらを表面に現してプレーすることはできないものである。たとえそのような感情があったとしても押し殺したり、我慢することが日常であり、ストレスがたまる原因でもある。いわば部での活動や行動の中で、社会的な人間関係のトレーニングを常にしているともいえる。

また、意識・無意識の中で心や体の動き、表情、しぐさから相手の意図や考えを感じとることもある。アイコンタクトであったり阿吽の呼吸といった暗黙の了解の上でのプレーができるような間柄が成立することもある。しかしながら、すべてが順調であるというわけではなく、プレーがかみ合わなかったり、気持ちが通じない時に人間関係が崩れていくという問題も生じてくる。**フラストレーション**（第4章参照）であったり、ストレスをためることになったり、爆発（対立、いざこざ、こぜりあい、喧嘩、暴行など）と発展することも多々ある。内面にある通常ならあまり表出されない心の世界が表出されるのである。生活の拠点が合宿生活であったり、同居するという展開の中では、特に人間関係のストレスによる心のもつれは対人関係に軋轢をもたらすことがある。人間関係の調整は複雑で、いじめ、ストレス、身体症状や根本的な心理的問題を見逃さないことが重要である。

運動部に特化すると**運動部不適応**が挙げられる。競技継続の迷い、勉強との両立、他にしたい事がある、怪我、人間関係の軋轢、興味や価値観の変化、他の対象との両立の困難などは、いわばアスリートにとって、最もつらく、厳しい状態であり、競技を続けて自己を発揮する場を失うという物理的危機であったり、これまで取り組んできた内容や立場を継続できないという内面的な危機が生ずることもある。深刻な状態としては神経症的な身体症状、うつのような精神的症状に発展していく。競技をよりどころとしたアイデンティティを揺るがす心理的出来事なのである。そして退部という運動部からの離脱に繋がることもある。

(3) 身体に関わるもの

競技上で、過剰なストレスで体の動きかが出来なくなったり（プレーの不調や混乱）、

突発的・慢性的怪我の発生、怪我からの復帰に対する不安、過食・拒食といった食行動の問題、睡眠障害やヒステリーなどを表出することがある。心理的な問題によって身体に何らかの反応が引き起こされるのである。

身体に関してはその他に**スポーツ傷害の受容と克服**という問題が挙げられる。競技活動のなかでの怪我は身体的な問題であるが心の問題でもある。怪我をしたことに対する心理的影響として、まず怪我を受け入れられるかどうかという受容の問題がある。また、痛みや通常の練習ができないストレス、練習・ライバルに遅れをとる不安、回復するまでに要する時間に対する不安などがある。期待されている選手ほど周りの期待にこたえられないことについてのあせりもあるのである。

また身体をめぐる事象として**食行動異常**がある。食事、体重、体型のコントロールが要求される種目、採点競技（新体操、バレリーナなど）においては、**摂食障害**として拒食症、過食症などが挙げられる。完璧主義、高い達成意欲、強迫傾向などの独特のパーソナリティを有する選手は、常にトップを希求、成功への忍耐と努力の投資をするが、常識をはるかに超える禁欲生活や過酷なトレーニングを自らに課すことがあり、高すぎる自己達成意欲、期待やプレッシャーが強迫性をエスカレートし怪我やスランプ等が契機になって身体的症状を呈することがある。

(4) 競技引退

引退時の心の動揺として、引退後の社会的適応問題が挙げられる。競技生活とは異なる新しい目標の設定、生活上の財源、そして何よりもアイデンティティの危機がある。これまで競技者としての自我が確立されていた自分が競技者でなくなった時の自我の喪失は大変大きな問題である。「**アスリートである自分**」から「**アスリートでない新たな自分**」への**再体制化**が求められるが時間のかかる場合が多い。引退の理由が主に体力の衰えや怪我などによって競技力の維持ができなくなってしまった場合には自己の競技力に対する未練なども重なり喪失感がある。競技者としての自分から競技者でなくなった自分への移行は競技に打ち込んできた意識の高低にかかわらず、競技に対する依存の程度によると考えられる。

ただ、それにとらわれる時間をできるだけスムースに移行していくべくアスリートのセカンドキャリア問題、キャリアトランディション支援が次の課題として挙げられる。新たな自分づくりとしての自我の再体制化となり、「新しい自分づくり」ともいいかえられる。

3．スポーツカウンセリングの特殊性

アスリートは競技レベルの向上に伴って全人格をかけて競技に打ち込むようになり、そこに心理的な問題が表面化しやすくなる。アスリートは競技をしていることが心の支えであり、心の安定となり自我が守られている。何らかの事由によってそれが崩れた時には問題は深刻化する。悩みながらの問題の克服は、人格的な深さや広さを増し、心の成長

の機会となるが、競技に同一化しているアスリートほど競技での悩み、問題、不適応は深刻化しやすく、心理的基盤の弱い選手ほど自我の守りが弱く、神経症、精神病大きな心理的問題を引き起こす。

　また、まじめなアスリートほどアドバイスや指導に従順ゆえに危険であることも特殊性の一つである。アスリートは競技遂行において指導を受けずにいるということはほぼ皆無であり、指導者・コーチとの主従関係が成立する場合が多く、彼らからの指導の助言等は無条件に受け入れる傾向があった場合、悩みや心の問題を抱えている場合の対応は慎重さが求められる。アスリートの悩みや心の問題を抱える場合に対しては、意味が無い、関連がないと思われたいくつかの事象が、何かの拍子に繋がることがある（布置＝コンステレーション）。コンステレーションを読み解くと、無関係のように見えることが、全体的な意味を含んだことに見えてくることになる。

4．スポーツカウンセラーの資格

　我が国において心理系カウンセラーの資格として代表的に物は、**臨床心理士**（日本心理学会認定）があるが、スポーツやアスリートに特化して資格としては**認定スポーツカウンセラー**（日本臨床心理身体運動学会認定）がある。この資格はその専門性に応じて、3級、2級、1級に分けられており、スポーツ競技場面に関わる心理臨床の専門家・カウンセラー資格として国内唯一のものである。

第 11 章　運動行動と行動変容

1．健康志向における運動の意義
2．行動変容技法

学生時代の八木選手（左）と岸選手（当時スポーツ健康学科在籍）

1．健康志向における運動の意義

　適度な運動やスポーツの実施がメンタルヘルスの改善やメタボリックシンドロームの予防といった心身の健康面へ望ましい効果を持つことが予測される。今後、一般的な行動予測として、健康志向の多くの人々が、健康で豊かな生活を営むために積極的に運動やスポーツの実施が展開されるのである。

　一般的に運動は、お金がかからない、人に頼らず自分でできる、副作用がない、治療法としての運動の代替え可能性、体力の向上、などの効果があるとされるが、人を運動行動に導く要因を確認し、運動による心身への逆効果も把握する必要がある。

　過剰な運動による悪影響としてのオーバートレーニング、運動依存などについては第4章を参照のこと。

　運動をすることによる健康への望ましい方向性への導きを**運動行動の促進**という。その行動を変容しようとする方法を技法という。したがって、健康的な行動を増やすという技法として、目標に対して定期的な運動や適度でバランスのとれた栄養摂取などの望ましい行動やスキルを新たに形成する技法となる。一方、喫煙、多量の飲酒、食べ過ぎなどの健康でない行動を減らす技法もあり、これらの技法によって望ましい行動の生起頻度を高めるとともに望ましくない行動を減らすのである。

　運動を実践することによって行動が変容していく行動変容技法としての様々な技法として、刺激統制法、目標設定技法、セルフモニタリング、意思決定分析バランス、ソーシャルサポートなどがある。

2．行動変容技法
(1) 刺激統制法

　定期的な運動や適度でバランスのとれた栄養摂取などという健康的な行動を増やし、喫煙、多量の飲酒、食べ過ぎなどの健康的でない行動を減らすための介入が健康関連分野では行われるようになってきている。

　環境が整い、行動を実施した後に、ポジティブな好ましい結果が起こると、人はその行動を継続する可能性が高くなると**スキナー**（Skinner, B.F.）は**学習理論**の中でを提唱している。ウォーキングという運動行動を例に考えると、先行刺激となる運動のためのウエア、シューズが用意され、展開する時間や場所という環境が整備され実際にウォーキングすることで爽快感、達成感が得られれば好循環の始まりとなり、運動行動の促進へと発展していく。

　爽快感などの心理的な効果だけでなく、実際に体型や体重の変化といった運動後の様々な好結果が運動行動を思い出させる刺激であったり、運動をしたくなる刺激や楽しくなる刺激となり、行動が生起しやすい環境づくりが整っていくのである。

　<u>行動することによって得られたよい結果が刺激となって、さらに行動が繰り返されるようにする方法を**オペラント強化法**</u>という。

また、外発的動機づけから内発的動機づけへの展開も同様であると推察できる。

(2) 目標設定技法

どのように行動を変容させるかについての目標を立てる技法である。達成したい目標（なりたい自分）のために身近で具体的な行動目標、あるいは小さい目標から初めて少しずつ最終目標に近づけていくのである。要点としては、自分自身で決めることが大切であり、やってみたい、続けられる、できそうだというような達成可能な目標設定が必要である。

(3) セルフモニタリング

自分の行動を自分で観察し、記録することによって、自分の行動を客観的に把握し、管理する方法である。自分自身の行動に対する気づきを促す効果があり、自己観察から自己に対する冷静な眼を養うとともに自己を正しく評価し、行動が強化されていくのである。

(4) 意思決定バランス分析

運動を実施することに伴うメリットとデメリットについて、シートに書き込み確認する技法である。運動を行うことによって得られる好ましい点＝メリットと運動によって生ずる好ましくない点＝デメリットを書き出し、メリットへの気づきを促すものである。短期、長期別に関心を向けることが大切である。計画づくりに有効であり、心身の負担にならないように設定することが望ましい。デメリットに目をつぶるのではなく、あえて目を向けながらも不等式をつくりだすことで運動を継続的に実行していくのである。逆戻り（リバウンド）の予防も大切で、季節の変化、怪我・病気、実施時間帯、転居など生活上の問題などの逆戻りの原因を想定しながら対処法を予め想定しておくことも大切である。

(5) ソーシャルサポート

まわりの励まし、評価、協力を得ている人ほど継続しているといわれるように共感、愛情表現、信頼、尊敬、相談などの援助といった情緒的サポートが大切となる。実践した行動に対する肯定的な評価、称賛、激励、自己評価によって自信や運動の大切さを認識していくのである。情報提供、知識、金銭的援助、手伝いなども道具的サポートとして有用である。

図・表の出典一覧

【図】

図 1-1 運動・スポーツと心理学
　杉原　隆（2000）杉原　隆・船越正康・工藤孝機・中込四郎編著『スポーツ心理学の世界』福村出版、p.4

図 2-1 前庭器官（本川、1964）
　青木　高他編著（1996）『フィットネスシリーズ　健康・スポーツの心理学』建帛社、p.27

図 2-2 聴覚器官と平衡感覚器官
　間藤　侑（1970）『人間—心と行動—』日本文化科学社

図 2-11 行動のフィードバック制御系
　阿江美恵子（1984）『女性のための体育心理学』白鴎社、p.50

図 2-12 神経系の構成
　松田岩男・杉原　隆編著（1987）『新版　運動心理学入門』大修館書店

図 2-14 大脳左半球
　間藤　侑（1970）『人間—心と行動—』日本文化科学社

図 2-15 運動スキル遂行に関するメカニズム
　阿江美恵子（1984）『女性のための体育心理学』白鴎社、p.10

図 3-1 マズローの欲求階層（Goble, F.G., 1970）
　小口忠彦訳（1972）『マズローの心理学』産業能率短期大学出版部

図 3-2 達成傾向と失敗傾向の関係図
　金沢大学教育学部保健体育教室スポーツ心理学教室（2007）『スポーツ心理学〜心を科学する〜』p.21

図 3-3 運動に対する動機の種類
　青木　高他編著（1996）『フィットネスシリーズ　健康・スポーツの心理学』建帛社、p.51

図 3-4 運動能力の劣等感形成メカニズム
　江川玟成（1975）運動能力の劣等感とその克服、児童心理 29(11)、金子書房

図 4-1 スポーツ選手のバーンアウトのプロセスと因果連関
　中込四郎・岸　順治（1991）運動選手のバーンアウト発生機序に関する事例研究、体育学研究 35(4)、日本体育学会、pp.313-323

図 4-2 フラストレーションの発生
　金沢大学教育学部保健体育教室スポーツ心理学教室（2007）『スポーツ心理学〜心を科学する〜』p.39

図 5-1 スピルバーガーの状態・特性不安モデル（Spielberger, C., 1970）
　大平英樹（1997）感情、山田冨美雄監修・編『シリーズ医療の行動科学 I　医療行動科学のためのミニマム・サイコロジー』北大路書房

図5-2　逆U字曲線

　　市村操一編著（1993）『トップアスリーツのための心理学—スポーツ心理学入門』同文書院、p.56

図5-3　向性と最適刺激量の関係

　　杉原　隆（1987）動機づけと運動パフォーマンス、松田岩男・杉原　隆編著『新版　運動心理学入門』大修館書店、pp.64-68

図5-4　課題の性質と最適の動機づけの水準

　　杉原　隆（1987）動機づけと運動パフォーマンス、松田岩男・杉原　隆編著『新版　運動心理学入門』大修館書店、pp.64-68

図5-5　緊張の評価と「あがり」現象

　　猪俣公宏（1993）「ここ一番」での上がり克服テクニック『朝日ワンテーマメマガジン　メンタル・タフネス読本　スポーツで勝つ心のトレーニング』朝日新聞社出版局、pp.8-18

図5-6　動機づけの程度とパフォーマンスの水準の一般的関係ならびにその時に見られる心理状態

　　杉原　隆（1987）動機づけと運動パフォーマンス、松田岩男・杉原　隆編著『新版　運動心理学入門』大修館書店、pp.64-68

図5-7　緊張状態による注意の幅の変化

　　水野哲也・山本裕二編著（2008）『考えて強くなるソフトテニス・トータルデザイン』大修館書店、pp.205-206

図6-1　体格と気質（性格）

　　依田　新（1968）『性格心理学』金子書房

図6-2　肺葉型による身体分類

　　阿江美恵子（1984）『女性のための体育心理学』白鴎社

図7-1　学習曲線の5つの型

　　市村操一編著（1993）『トップアスリーツのための心理学—スポーツ心理学入門』同文書院、p.200

図7-2　フィードバック制御系

　　阿江美恵子（1984）『女性のための体育心理学』白鴎社、p.50

図7-3　行動のフィードバック制御系

　　阿江美恵子（1984）『女性のための体育心理学』白鴎社、p.50

図8-2　発達の方向（Goodenough, F.L.）

　　田中敏隆（1986）『発達と指導　誕生から就学までを中心にして』中央法規出版

図8-3　幼児の運動の発達（Mussen, P.H., Conger, J.J. & Kagan, J., 1968）

　　三宅和夫監訳（1984）『発達心理学概論Ⅰ』誠信書房

図8-4　つかむ動作の発達（Mussen, P.H., Conger, J.J. & Kagan, J., 1968）

　　三宅和夫監訳（1984）『発達心理学概論Ⅰ』誠信書房

図8-5　走動作の発達

　　宮丸凱史・生山　匡（1975）幼児の基礎的運動技能における Motor Pattern の発達（1）　幼児の Running Pattern の発達過程、東京女子体育大学紀要10

図 8-6　投球動作の発達
　浅見俊雄・石井喜八他編著（1976）『身体運動学概論（保健体育スポーツ指導選書）』大修館書店、pp.180-190

図 8-7　跳躍動作の発達
　宮丸凱史（1973）幼児の基礎的運動技能における Motor Pattern の発達（2）　幼児の立ち幅跳びにおける Jumping Pattern の発達過程、東京女子体育大学紀要 8

図 8-8　社会性の発達
　西山　啓・山内光哉監修（1978）『目で見る教育心理学』ナカニシヤ出版、p.29

図 8-9　運動能力の構造
　松田岩男・小野三嗣（1965）『スポーツマンの体力測定　スポーツ科学講座 9』大修館書店、p.162

図 8-10　自己概念の層構造モデル
　(Fox, K.R. & Corbin, C.B. (1989) The Physical Self-Perception Profile: Devlopment and Preliminary Validation, *Journal of Sport and Exercise Psychology* 11(4), pp. 408-430)
　杉原　隆（2008）スポーツと人格的発達、日本スポーツ心理学会編『スポーツ心理学事典』大修館書店、pp.112-115

図 8-11　エリクソンの発達図式
　(Erikson, E.H., 1950/ 仁科弥生訳（1977）『幼児期と社会』みすず書房)
　落合　優（2008）発達段階、日本スポーツ心理学会編『スポーツ心理学事典』大修館書店、pp.78-79

図 9-1　集団の構造
　阿江美恵子（1984）『女性のための体育心理学』白鴎社、p.88

図 9-2　各種コミュニケーション構造
　阿江美恵子（1984）『女性のための体育心理学』白鴎社、p.88

図 9-3　コミュニケーションの完全結合
　阿江美恵子（1984）『女性のための体育心理学』白鴎社、p.88

図 9-4　ソシオグラム結合のタイプ
　阿江美恵子（1984）『女性のための体育心理学』白鴎社、p.88

図 9-5　リーダーシップの地位に関する条件と個人的特性
　(Singer, R.N., (1972) Coaching, athletics and Psychology, McGraw-Hill Education)
　阿江美恵子（1984）『女性のための体育心理学』白鴎社、p.93

図 9-6　リーダーシップの類型
　三隅二不二（1984）『改訂版　リーダーシップ行動の科学』有斐閣

【表】

表 3-1　成功・失敗の原因帰属の分類（Weiner, B., 1974）
　松田岩男・杉原　隆編著（1987）『新版　運動心理学入門』大修館書店、p.69

表 4-1　様々なフラストレーションの種々の防衛反応形式
　　金沢大学教育学部保健体育教室スポーツ心理学教室（2007）『スポーツ心理学〜心を科学する〜』p.41

表 4-2　具体的なフラストレーションと引き起こされる反応
　　金沢大学教育学部保健体育教室スポーツ心理学教室（2007）『スポーツ心理学〜心を科学する〜』p.46

表 5-1　各種スポーツ種目に最適な覚醒水準
　　西田　保・猪俣公宏（1981）スポーツにおける達成動機の因子分析的研究、体育学研究 26(2)、日本体育学会、pp.101-110

表 5-2　不安の対応策の分類
　　徳永幹雄（代表）（1986）競争不安の形成・変容過程と不安解消へのフィードバック適用の効果の研究、昭和60年度文部省科学研究費（一般研究Ｃ）研究成果報告書

表 6-1　アイゼンクの外向性と内向性のパーソナリティ
　　松田岩男（1979）『現代保健体育学大系 4　体育心理学』大修館書店

表 6-2　スポーツマンシップに関する上位項目
　　賀川昌明他（1986）スポーツのゲーム（試合）における行動規範の研究：小・中・高・大学生に対する調査項目の作成とその尺度構成の試み、体育学研究 30(4)、日本体育学会、pp.281-292

表 8-1　発育類型とその部位
　　中雄　勇編、片山陽仁・伊達萬里子（2002）『やさしいスチューデントトレーナーシリーズ　スポーツ心理学』嵯峨野書院、p.75

表 8-2　運動の発達段階モデル
　　市村操一編著（1993）『トップアスリーツのための心理学―スポーツ心理学入門』同文書院、p.190

表 8-3　基礎的運動要因（Nicks, D.C. & Fleishman, E.A., 1962）
　　松田岩男・杉原　隆編著（1987）『新版　運動心理学入門』大修館書店、pp.99-101

表 8-4　人の発達各期の発達課題（Havighurst, R.J., 1953）
　　荘司雅子訳（1958）『人間の発達課題と教育』牧書店

表 9-1　田中によるソシオグラムの基本的な構造型
　　田中熊次郎（1959）『ソシオメトリーの理論と方法』明治図書出版

表 9-2　リーダーシップの型と特徴
　　三隅二不二（1984）『改訂版　リーダーシップ行動の科学』有斐閣

参 考 文 献

著書

阿江美恵子 1984『女性のための体育心理学』白鴎社
青木高他監修 1996『健康・スポーツの心理学』建帛社
朝日ワンテーママガジン 1993『メンタル・タフネス読本』朝日新聞社
伊達萬里子 2015『新スポーツ心理学』嵯峨野書院
エリクソンE．H．1982『自我同一性』誠信書房
石垣尚男 2000『目力の鍛え方』新潮新書
石村宇佐一 2015『メンタルトレーニングの基礎』ふくろう出版
市村操一 1993『トップアスリートのための心理学』同文書院
海保博之監修 2010『ポジティブマインド』新曜社
金沢大学スポーツ心理学教室 2007『スポーツ心理学〜心を科学する〜』ふくろう出版
岐阜県スポーツドクター協議会 1996『プレーヤーのためのスポーツ医学』岐阜新聞社
真下一策 2002『スポーツビジョン第2版、スポーツのための視覚学』NAP Limited
松田岩男他編著 1987『新版運動心理学入門』大修館書店
マイネル、金子明友訳 1981『マイネル スポーツ運動学』大修館書店
水野・山本編著、井筒敬他 2008『考えて強くなるソフトテニス・トータルデザイン』大修館書店
日本スポーツ心理学会編 2008『スポーツ心理学事典』大修館書店
中込四郎 1993『危機と人格形成』道和書院
中込四郎 2004『アスリートの心理臨床』道和書院
中込四郎他 2007『スポーツ心理学 からだ・運動と心の接点』培風館
中込四郎他編著 2012『よくわかるスポーツ心理学』ミネルヴァ書房
中雄勇他編 2002『スポーツ心理学』嵯峨野書院
落合優 1996『健康・スポーツのための心理学』建帛社
白石豊編 1987『漫画スポーツ上達の基礎理論』自由現代社
白石豊 1997『運動神経がよくなる本』光文社
杉原隆他 2000『スポーツ心理学の世界』福村出版
杉原隆 2003『運動指導の心理学』大修館書店
鈴木壮 2014『スポーツと心理臨床』創元社
筑波大学スポーツクリニック 1992『スポーツ外来ハンドブック』南江堂
上田雅夫 2000『スポーツ心理学ハンドブック』実務教育出版

研究論文

阿南貴教 2001「アスリートの"ビジョン"に関する基礎知識」Coaching Clinic、15、12-16.

参考文献

古章子 2009「トランポリン Lost Skill Syndrome に関する臨床的研究～自律性の問題が見られた事例～」金沢学院大学紀要、7、181-191.

石垣尚男 1995「スポーツビジョンの測定と評価」臨床スポーツ医学、12-10、1105-1112.

井筒敬・山崎学 2001「レーシングドライバーのスポーツビジョンに関する研究」北陸学院大学紀要、33、235-244.

井筒敬 2006「スポーツ選手の心理的能力について～高校野球選手の継続的なスポーツビジョン測定～」金沢大学教育開放センター紀要、26、1-10.

井筒敬他 2007「ソフトテニスプレーヤーの競技不安とその対応策について」北陸学院大学紀要、39、349-359.

井筒敬・福井卓也・丸山章子 2011「トランポリン選手のスポーツビジョン特性」金沢学院大学スポーツ健康学部論文集、1、19-25.

井筒敬 2011「受傷によって競技活動を制限された競技者の心理様相に関する研究」金沢学院大学紀要、9、185-192.

井筒敬・山脇あゆみ 2016「大学における遠泳実習が気分に及ぼす影響について」金沢学院大学紀要、14、79-83.

井筒敬・山脇あゆみ 2018「大学におけるスキー実習が不安と気分に及ぼす影響について」金沢学院大学紀要、16、203-208.

井筒敬 2017「大学バドミントンプレーヤーの運動視機能」金沢学院大学紀要、15、269-274.

丸山章子・井筒敬 2011「トランポリン競技選手における心理的コンディショニングがパフォーマンスに及ぼす影響」金沢学院大学スポーツ健康学部論文集、1、27-31.

丸山章子・井筒敬 2014「トランポリン競技選手の注意様式に関する研究」金沢学院大学紀要、12、153-157.

丸山章子・井筒敬 2014「陸上競技選手の心理的競技能力に関する研究」金沢学院大学紀要、12、159-165.

中込四郎 1984「スポーツにおける成績優秀者のロールシャッハ・反応」筑波大学体育科学系紀要、7、263-270.

中込四郎・岸順治・井筒敬 1986「運動選手の自我同一性の探求とスポーツ経験(Ⅴ)」筑波大学体育科学系紀要、9、21-29.

中込四郎 1989「運動選手のロールシャッハ反応」ロールシャッハ研究、31、85-94.

山本裕二・中込四郎・井筒敬・工藤敏巳「逆Ｕ字仮説に対する注意の狭小化現象からの再検討」体育学研究、30-2、117-127.

第2部　スポーツ競技の心理

グループ学習について

　本講義では、アクティブラーニングの一つとして、グループ学習を行う。グループ学習は、学生が受動的になりがちな知識伝達講義に頼るのではなく、学生の積極的活動を促進する機会を作るものである。学生参加型授業を行う際に有効な小グループ学習法について以下説明する。

1．グループ学習の方法
＜グループ＞
・5～7人（多くても10人まで）が最適である
・各メンバーが責任ある作業をすることで自己形成的に学ぶ
・仲間同士の相互作用を重視する
・決断、リーダーシップ、協調性、人間理解能力を高める

＜役割分担＞
① リーダー
② 記録係
③ 発表原稿作成係
④ 発表者

2．グループ学習における様々な手法
＜解氷-ice breaking-＞
　簡単なゲーム、自己紹介などを行い、活発な討論の雰囲気を作る。
＜アイディアを出す＞
① バズ討論　アイディアを思いつくために隣同士でワイワイ討論。
② ブレインストーミング　アイディアを多く出し、出す段階で批判しない、アイディアを見えるようにホワイトボードに書く。
③ KJ法　各自がカード（付箋紙）にアイディアを書き、並べる⇒似たもの同士を集めて島を作りタイトルをつける⇒意味の関連によって配置し、図式化する。

＜討論・学習法の形式＞
① ディベイト　設定されたテーマについて、肯定側と否定側に立って、議論を展開する。
　　立論　　　肯定⇒否定⇒作戦タイム
　　反対尋問　否定⇒肯定⇒作戦タイム
　　最終弁論　否定⇒肯定⇒判定

② フィッシュボール　グループ学習で多人数のとき人数を2分する
中央に討論グループをおき、聴衆が取り囲む。
③ ロールプレイ　役を決め、演技することからそれぞれの立場を理解し、自己形成的に学習する。

3．グループ学習の作業の流れ

時間	内容	
2分	役割を決める	リーダー、記録者、発表原稿作成係、発表者 ＜リーダーの役割＞ ・作業進行の時間管理 ・コミュニケーションの促進 ・問題点の焦点の明確化 ・グループ員の能力発揮促進 ・作業の締めくくり
10分	意見を出し合う	
10分	意見を討論でまとめながら解析する	
10分	まとめの方向を出す	
10分	原稿の下書き	
10分	原稿清書	
3分	発表構想を練る	発表者中心に
5分	発表	

スポーツ競技の心理－グループ学習テーマ－

テーマ①
　優秀な選手とはどのような選手か？
テーマ②
　スポーツの意義とは？
テーマ③
　神頼み、ジンクス、ルーティンはスポーツ競技に必要か、否か。
テーマ④
　スポーツをやる気にさせる要因は？逆にやる気をなくす要因は？
テーマ⑤
　根性的指導と科学的指導、どちらが必要か？
テーマ⑥
　指導者は男女によって指導方法を変えるべきか？否か。その理由は？
テーマ⑦
　スポーツ選手は何をきっかけに引退を考えるのか。
テーマ⑧
　スポーツマン的性格はあるのか？
テーマ⑨
　スポーツ競技における心理面・体力面・技術面の重要性の割合は？
テーマ⑩
　スポーツに血液型は関係あるか？
テーマ⑪
　スポーツ選手が過度の緊張状態にあるとき、指導者はどうすべきか。
テーマ⑫
　イメージトレーニングは効果があるのか？
テーマ⑬
　選手が第一、勝利は第二（Athletes First, Winning Second）の精神をどのように実行するか。
テーマ⑭
　スポーツスキルとはどんなスキルがあるか？

第3部　メンタルトレーニング

スポーツ競技の心理－メンタルトレーニング－

　メンタルトレーニングは、スポーツ選手が技術や体力をトレーニングするように、試合場面で最高の能力を発揮できるように心理的にもトレーニングを行い、やる気などの精神力を高め、自分で自分をコントロールできるようにすることと定義されている。つまり、メンタルトレーニングは競技力向上のための心理的条件の強化を目的とした訓練である。

【メンタルなスポーツ】
　「メンタルなスポーツ」と呼ばれるスポーツの特徴は、以下の通りである。
① 短時間で動作が終了するスポーツ
② 動作の幅が狭いスポーツ
③ クローズドスキル（閉鎖的スキル：周りの状況が変化しない）のスポーツ

【メンタルトレーニングの目的】
　メンタルトレーニングの目的は以下の通りである。
① モチベーションの向上
② 実力発揮
③ 人間性の向上
④ 心理的問題の解決

【最高のパフォーマンスを発揮するための三要素】
① 集中
② 冷静
③ 自信

【メンタルトレーニングの5ステップアプローチ】

1	目標設定	長期的・中期的・短期的目標
2	リラクセーション	深呼吸法、筋弛緩法
3	集中	グリッドエクササイズ、センタリング
4	イメージトレーニング	基礎から応用へ
5	ポジティブ・セルフトーク	積極的思考

【モチベーションの向上】
　モチベーションの向上の鍵となるのが目標設定である。

適切な目標設定を行い、選手のモチベーション向上に努める必要がある。

＜目標設定の効果＞
① 動機づけ、特に内発的動機づけを増大させる
② 練習の質を高める
③ パフォーマンスを効率的に向上させる
④ 自立した選手・学習者を育てる

＜目標設定の方法＞
① 長期、中期、短期の目標を設定する。
② 具体的な目標を設定する。
③ 挑戦的かつ現実的な目標を設定する。
④ 目標達成のための方策を明確にする。
⑤ フィードバックを利用する。

また、選手の性格や状況を理解した上で、"選手の心に火をつける"、"本気にさせる"指導もコーチの大きな役割と言える。

【実力発揮】

「練習ではできているのに、試合で力が出せない」、「私はメンタルが弱い」と言っている選手をよく見かける。メンタルが弱いという前にまず、以下のことを振り返ってみる必要がある。

○ 選手の中には、毎日の練習を70％、試合で100％を目指したがる者がいるが、そこに無理や力みが生じる。
○ 練習で100％燃焼することにより、試合ではじめて70％～80％の力とゆとりのあるプレーができる。冷静で堅実なプレーが可能になる。

⇒原則、練習で100％の練習をして、試合は、"いつも通り"

第3部 メンタルトレーニング

<緊張とリラックスの逆U字曲線>

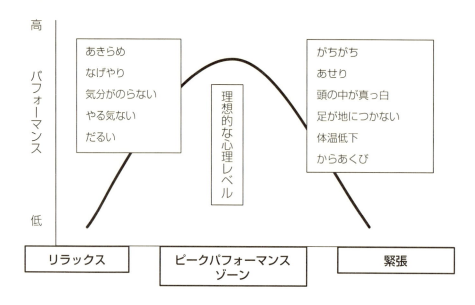

リラックスと緊張のバランスが取れた覚醒水準が理想的な心理レベルと言える。その覚醒水準に自己コントロールする能力が求められる。

緊張し過ぎているときの対処方法は以下の通りである。
○ 深呼吸法、自律訓練法、筋弛緩法を用いる。
○ 体の末端部をマッサージ・ストレッチする。
○ 「いつも通り」を心がける。

<集中力アップのためのルーティン・クワイエットアイ>
　イチロー選手や五郎丸選手のルーティン（試合前の行う一連の動作）は有名である。ルーティンは、自分のペースを保ち、集中力をアップさせる効果がある。また、クワイエットアイは、試合前にある一定の場所に視線を固定し、集中力をアップさせる方法である。自分に合ったルーティン・クワイエットアイを活用していくことも良い。

<イメージトレーニング>
　イメージトレーニングは今やスポーツ界では欠かせないスキルの一つと言えよう。
　イメージトレーニングの活用範囲は、以下の4つと考えられる。
① 新しい技術や動作パターンの習得
② フォームの矯正・改善
③ 競技遂行に先立つリハーサル

④　心理面の改善・対策

　イメージトレーニングの一般的な方法は以下の通りである。

　☆リラックスした状態で行うこと
基礎
①　重いもの、温かいもの、冷たいもののイメージ
②　残像トレーニング　☆
③　好きな色や風景のイメージ
④　スポーツ用具のイメージ
⑤　試合会場のイメージ
実践
①　内的イメージ（自分が主観的に行っているイメージ）→タイミング学習
②　外的イメージ（自分が客観的に見ているイメージ）→フォームの学習
③　VTRを用いたイメージ
④　身体活動を伴うイメージ
⑤　メンタルリハーサル（作戦イメージ、ベストプレー）

【人間性の向上】
　スポーツでは、「心・技・体」の重要性が指摘されているが、しっかりとした心が土台となり、その上に技術、体力が積み重なるべきである。立派な競技者の第一条件は**人間性**である。競技力向上とともに、スポーツマンシップを兼ね揃えたスポーツ選手の育成が求められる。

【心理的問題の解決】
　競技を続けていると心理的問題から様々な症状が現れることがある。野球やゴルフのイップス、トランポリン競技のロストスキルシンドローム（これまで遂行していた技ができなくなる。技に入れなくなる）、体操競技における分裂症などが代表的である。また、甲子園などに出場した後、燃え尽きてバーンアウトになったり、試合前になると不安から怪我や病気を引き起こしたりする選手もいる。これらの心理的問題の原因を明らかにし、対処法を考えていくこともスポーツ心理学の課題の一つである。

引用・参考文献
１）石村宇佐一（2013）メンタルトレーニング入門　―自分には自信があるのだという自信を持つ―　ふくろう出版

2）石村宇佐一、古章子（1998）トランポリン選手のメンタルトレーニングに関する縦断的研究—世界選手権出場選手3名の事例—　金沢大学教育学部紀要　47：pp.193-201
3）国立スポーツ科学センタースポーツ科学研究部心理グループ（2012）メンタルの壺 LONDON 2012
4）日本スポーツ心理学会（2010）スポーツメンタルトレーニング教本　大修館書店
5）杉原隆（2009）運動指導の心理学—運動学習とモチベーションからの接近—　大修館書店

あとがき

　スポーツ心理学の歴史は新しい。スポーツ心理学会（Japanese Society of Sport Psychology：JSSP）の設立は1973（昭和48）年である。それまでは体育心理学として研究されてきた。体育心理学という学問は、学校体育の授業の中で行われる運動・ダンスやスポーツを教材として、心身への教育的な効果を心理学という学問を通して明らかにしようとするものであった。日本体育学会の体育心理学専門分科会（1960，昭和35年）に発足し、スポーツ心理学会の研究はその中で行われてきた。金沢大学に助手として勤めた当時は、体育心理学という講義で松井三雄先生が集中講義をされ、体育心理実験は、奈良女子大学の丹羽劭昭先生が非常勤で授業を担当されていた。私は助手として授業を補助していた。今で言うティーチングアシスタント（Teaching Assistant：TA）である。時代の変化とともに体育の領域からスポーツへと研究領域が広がった。

　私が授業を担当する頃は、まさに体育心理学からスポーツ心理学への移行期であった。そのとき、井筒敬先生が金沢大学教養部に着任され、教育学部のスポーツ心理学、スポーツ心理学演習、スポーツ心理学実験に協力していただいた。その後、金沢学院大学に勤務されスポーツ心理学を担当されてきた。また、私の研究室に所属し大学院まで学んだ学生が丸山（旧姓 古）章子先生であった。トランポリン選手であり日本チャンピオンとして9連覇、シドニーオリンピック6位入賞、ロンドンオリンピックでは監督として岸彩乃選手（金沢学院大学出身）を出場させた。私は、丸山先生をシドニーオリンピックまでは選手として、さらに、ロンドンオリンピックでは丸山監督の心理サポートを行った。オリンピックに出場する選手時代から選手をオリンピックに出場させた監督まで長期に関わりメンタルトレーニング指導士として携われたことに感謝している。

　本学に大学院設置を機会に、スポーツ心理学関係担当教員が3名と強化された。私は文部省在外研究員としてアメリカ留学した時、スプリングフィールド大学のビリック教授からスポーツ心理学の指導を受けた。帰国後、金沢大学のスポーツ心理学Ⅱのテキストとして使ってきたが、これを参考にしてそれぞれの先生が指導されてきた内容に加えて執筆をお願いした。井筒敬先生にはスポーツ心理学を、丸山章子先生にはスポーツ競技の心理とメンタルトレーニングを担当してもらった。本書『ようこそスポーツ心理学教室へ』でスポーツ心理学の諸問題に関心を持ち、これまでスポーツ選手・指導者が心理的側面の見残した大事なものを見る力を養って欲しい。

　出版にあたっては、ふくろう出版の亀山裕幸氏のご指導ご尽力が極めて大きいといえます。この場を借りてお礼を申し上げます。

2018年 盛夏

石村　宇佐一

監修者紹介

石村　宇佐一(ISHIMURA,Usaichi)
1945年山口県生まれ。広島大学教育学部卒業。主な専門領域はスポーツ心理学、メンタルトレーニング。現在、金沢学院大学人間健康学部スポーツ健康学科特任教授。
全日本学生バスケットボール連盟元理事、北信越学生バスケットボール連盟元会長、北信越学生バスケットボール連盟元理事長。
日本体育学会名誉会員、日本スポーツ心理学会名誉会員、日本コーチング学会会員。金沢大学名誉教授。スポーツメンタルトレーニング名誉指導士。
主な著書に『メンタルトレーニングの基礎』(ふくろう出版)、訳書に『バスケットボールの"コートセンス"』(大修館書店)がある。

著者紹介

井筒　敬(INO,Takashi)
1957年岐阜県生まれ。筑波大学体育専門学群卒業、同大学大学院体育研究科修了(体育学修士)。主な専門領域は、スポーツ心理学、スポーツビジョン。現在、金沢学院大学人間健康学部スポーツ健康学科教授。主な著書に『考えて強くなるソフトテニス・トータルデザイン』(共著；大修館書店)などがある。北信越学生ソフトテニス連盟会長、金沢学院大学ソフトテニス部部長。

丸山　章子(MARUYAMA,Akiko；旧姓　古)
石川県生まれ。金沢大学教育学部卒業、同大学大学院教育学研究科修了(教育学修士)。主な専門領域は、スポーツ心理学、メンタルトレーニング。現在、金沢学院大学人間健康学部スポーツ健康学科准教授。シドニー五輪トランポリン競技女子第6位入賞、(公財)日本体操協会トランポリン競技強化委員長、金沢学院大学トランポリン部監督。

[JCOPY] 〈(社)出版者著作権管理機構 委託出版物〉

本書の無断複写(電子化を含む)は著作権法上での例外を除き禁じられています。本書をコピーされる場合は、そのつど事前に(社)出版者著作権管理機構(電話 03-3513-6969、FAX 03-3513-6979、e-mail: info@jcopy.or.jp)の許諾を得てください。
また本書を代行業者等の第三者に依頼してスキャンやデジタル化することは、たとえ個人や家庭内での利用であっても著作権法上認められておりません。

ようこそスポーツ心理学教室へ

2018 年 9 月 20 日　初版発行

監　修　石村　宇佐一

著　　　井筒　敬・丸山　章子

発　行　ふくろう出版
〒700-0035　岡山市北区高柳西町 1-23
友野印刷ビル
TEL：086-255-2181
FAX：086-255-6324
http://www.296.jp
e-mail：info@296.jp
振替　01310-8-95147

印刷・製本　友野印刷株式会社
ISBN978-4-86186-733-0 C3011
ⒸUsaichi Ishimura, Takashi Ino, Akiko Maruyama 2018
定価は表紙に表示してあります。乱丁・落丁はお取り替えいたします。

スポーツ競技の心理―グループ学習シート A ＜ディスカッション記録＞―

【　　　　　　　　】グループ
月　　　日
テーマ

スポーツ競技の心理―グループ学習シートB＜*発表原稿*＞―

【　　　　　　　　】グループ
月　　　　日
テーマ